『通古察今』系列丛书

近代中国股份公司制度探源

李志英 著

河南人民出版社

图书在版编目(CIP)数据

近代中国股份公司制度探源 / 李志英著. —郑州 : 河南人民出版社, 2019. 12(2024. 5 重印)
("通古察今"系列丛书)
ISBN 978-7-215-12018-1

Ⅰ. ①近… Ⅱ. ①李… Ⅲ. ①股份公司-企业管理制度-研究-中国-近代 Ⅳ. ①F279.295

中国版本图书馆 CIP 数据核字(2019)第 270902 号

河南人民出版社 出版发行
(地址:郑州市郑东新区祥盛街 27 号 邮政编码:450016 电话:0371-65788077)
新华书店经销 永清县晔盛亚胶印有限公司印刷
开本 787 毫米×1092 毫米 1/32 印张 5.125
字数 69 千字
2019 年 12 月第 1 版 2024 年 5 月第 2 次印刷

定价: 52.00 元

序　言

在北京师范大学的百余年发展历程中，历史学科始终占有重要地位。经过几代人的不懈努力，今天的北京师范大学历史学院业已成为史学研究的重要基地，是国家首批博士学位一级学科授予权单位，拥有国家重点学科、博士后流动站、教育部人文社会科学重点研究基地等一系列学术平台，综合实力居全国高校历史学科前列。目前被列入国家一流大学一流学科建设行列，正在向世界一流学科迈进。在教学方面，历史学院的课程改革、教材编纂、教书育人，都取得了显著的成绩，曾荣获国家教学改革成果一等奖。在科学研究方面，同样取得了令人瞩目的成就，在出版了由白寿彝教授任总主编、被学术界誉为“20世纪中国史学的压轴之作”的多卷本《中国通史》后，一批底蕴深厚、质量高超的学术论著相继问世，如八卷本《中国文化发展史》、二十卷本“中国古代社会和政治研究丛书”、三卷本《清代理学史》、五卷本《历史文化认同与中国统一多民族国家》、二十三卷本《陈垣全集》，以及《历史视野下的中华民族精神》《中西古代历史、史学与理论比较研究》《上博简〈诗论〉研究》等，这些著作皆声誉卓著，在学界产生较大影响，得到同行普遍好评。

除上述著作外，历史学院的教师们潜心学术，以探索精神攻关，又陆续取得了众多具有原创性的成果，在历史学各分支学科的研究上连创佳绩，始终处在学科前沿。为了集中展示历史学院的这些探索性成果，我们组织编写了这套“通古察今”系列丛书。丛书所收著作多以问题为导向，集中解决古今中外历史上值得关注的重要学术问题，篇幅虽小，然问题意识明显，学术视野尤为开阔。希冀它的出版，在促进北京师范大学历史学科更好发展的同时，为学术界乃至全社会贡献一批真正立得住的学术佳作。

当然，作为探索性的系列丛书，不成熟乃至疏漏之处在所难免，还望学界同人不吝赐教。

北京师范大学历史学院

北京师范大学史学理论与史学史研究中心

北京师范大学“通古察今”系列丛书编辑委员会

2019 年 1 月

目　录

导 论

人类社会经济运行的轨迹和现代经济学的研究都证明，经济活动的组织形式和制度安排对经济的运行有着至关重要的作用。“组织和制度不是不变的，它们随时间和地点而改变，随政治安排和产权结构而改变，随所用技术的状况而改变，随交换中的资源、物品、服务的物理质量不同而改变。”[1] 当人类社会的存在方式发生改变的时候，原有的制度和组织就会变得僵硬、狭小而容纳不下生长起来的经济活力，制度和组织方式随之需要改变。与政治变革不同，经济方式的改变往往是先导的，是缓慢的。因为人们需要探索合适的方式，探索适合现有经济活力的组织形式和制度安排。

---

[1] 〔冰岛〕思拉恩·埃格特森:《经济行为与制度》，吴经邦、李耀、朱寒松等译，商务印书馆，2004 年，前言。

毕竟，人不是神，不是先知，人是平凡的，是后知后觉的，实践才是解决问题的最有效的方法。但是，实践需要时间，后知后觉的人们需要学习，需要摸索和参照物。就像现在大家都喜欢说的“原发型”与“后发型”一样，原发型固然有起步早的优势，后发型则获得了更多的参照物，在避免无谓的摸索方面节约了成本。

摸索中的前行决定了时间的漫长。在源远流长的历史长河中，人类在追求自身发展和幸福生活的过程中，曾经通过不断摸索而不断改变着、提升着政治、经济、文化的表达方式和存在形态，进而改变着社会的结构。当21世纪到来的时候，人类蓦然回首就会发现，人类的社会面貌的变化竟然如此巨大，以至于后人已经无法辨清前人由以走来的路径，后人必须通过研究才能解读历史烟云背后的一个个谜团。

股份制度是中华先民早已发明的一种有效的组织和经济活动的制度安排。在中国古代以来的经济发展进程中，我们的先民曾经以高度的智慧和灵巧的应变能力，不断完善着自身的发明。至鸦片战争前，中国式的股份制度已经遍布商业、金融、手工业等众多领域，为社会生产的发展、社会经济的进步发挥着积极的作用。然而，随着西方资本主义侵入中国，中国的社会经济性质开始改变，经济自身不断呼唤组织形式和制度安排的改变。西式的股份公司制度逐步植入中国社会经济的躯体，改变着中国社会经济的面貌。但是中华文化源远流长，中华民族在历史发展中积淀了足够的智慧和能力，即使是强大的西方势力在进入中国经济躯体时也不得不适应着中国的特殊情况。所以，这种植入不是单向的，中国的古代股份制经济的特点保存了下来，中国人的智慧和特色在西式公司制度中借壳重生。

应当说，近代中国的股份公司有两个源头，一个是中国经济自身早已存在的历史悠久的股份制度，另一个就是从西方传进来的西方股份公司制度。后者对后来中国股份公司制度的现代样式的形成，具有型塑的意义。但是，其内涵并非纯而又纯的舶来货。中国传统文化的影响、中国传统经济的惯性和因子，早在舶来品进入中国之初，就已潜移默化，进入其躯体，并在发酵过程中形成了具有中国特色的内瓤。

股份公司的出现是近代中国早期经济领域的一项

重要制度变革，近年来学术界已有较多研究[1]。但是，在近代中国股份公司制度的起源方面，尚缺乏深入和明晰的探讨。目前，学术界一般认为严格意义上的股份公司是外来影响的产物，是鸦片战争后随着外国资本主义的入侵“自然而然地”[2]传入中国的。事实上，历史的发展远没有那么简单，历史的结果总是多种因素交叉影响的产物。股份公司进入中国并最终与华商资本结合形成规模效应，中国本土的固有经济制度曾经发挥了至关重要的影响，而这种影响又反过来型塑了股份公司在中国的制度形态。

[1] 学术前辈汪敬虞先生在《十九世纪西方资本主义对中国的经济侵略》一书中关于华商在外商企业附股的研究，是关于近代中国股份公司制度的开创性和奠基性研究。20 世纪 90 年代以后，相继有多篇论文问世。进入 21 世纪，《艰难的变迁——近代中国公司制度研究》《晚清公司制度建设研究》等专著先后出版。上述论文和专著对近代中国的公司制度进行了多方面和深入的研究，取得了丰硕成果。

[2] 杨在军、张岸元:《关于近代中国股份制起源的探讨》，载《江西社会科学》，2003 年第 1 期。张忠民著《艰难的变迁——近代中国公司制度研究》、李玉著《晚清公司制度建设研究》等论著未论及这一问题。

第一章　古代和前近代中国社会经济中的联合经营与股份经济

近代中国的股份公司制度是在入侵中国的西方股份公司的影响下产生的，但是如果仔细观察就会发现，其样态与西方的股份公司制度实际上有比较大的差异。个中原因只能从中国社会自身去寻找。作为一个源远流长的、高度发达的文明古国，中国在数千年中积累的经验和传统，不可能被入侵的西方经济一刀斩断，必然会在社会经济的发展中闪现，给予新式经济以深刻影响，并烙上深深的烙印。

一、中国古代社会经济中的联合经营

中国古代社会中很早就存在着联合经营的模式，

这种联合或者是资本的合作，或者是资本与人力的合作。根据学者刘秋根的研究，中国古代合伙制的萌芽可以上溯至春秋时期，“几千年来，一直传诵着管仲、鲍叔牙联财经商，鲍让利于管仲的佳话，说明春秋时期,商业的合资经营即已出现”[1]。“管仲与鲍叔牙是两位小商贩，于南阳合伙贩卖，管仲家贫，故而利润分配之际，常常超出所应得而强取之，总数达三次之多。从历史上看，鲍叔牙家富，而管仲家贫，因而这里可能是富于智能的管仲领取鲍叔牙的资金经营。如若如此，则是一种劳动与货币资本合伙的合伙制。除管仲、鲍叔牙例外，郑国贩牛商人弦高、奚施亦可能是合伙经营。”[2] 显然，由于史料的缺乏，学者的研究还带有部分猜测的成分，但简单的记载已经足以表明先人经营的合作性质，表明了中国社会经济中合作经营历史的悠久。

其后，随着社会经济的发展，合作经营的方式流传了下来，并不断发展。刘秋根的研究表明，社会经济发展的合作经营模式可以分为两种。一种是资本与

[1] 刘秋根:《中国典当制度史》，上海古籍出版社，1995 年，第 55 页。

[2] 刘秋根:《中国古代合伙制初探》，人民出版社，2007 年，第 57—58 页。

资本的合作。即在人们从事经营活动的时候，由于个体资本的不足，乃联合起来组成规模较大的资本联合，从而实现经营的规模化。如共同出资购买重要的生产工具牛马的行动，共同出资购买蜜和药的行动，等等。最初，这些行为仅限于出资人的共同消费，还不是牟利行为，因而构不成后来意义上的合伙经营。但随着时间的推移和社会经济的发展，这种合资行为逐渐向牟利行为过渡，资金开始逐渐有了资本的性质，其经营也就具有了初步的合伙经营性质。到了魏晋隋唐时期，这种类型的合作经营的记载就比较常见了，在商业和手工业经营中都有记载，特别是在需要资金比较多的运输业中出现得比较多[1]。

另一种模式是资本所有者与经营者之间的合作。但秦代以前，这种合作还比较原始，一般以领本或者借本的形式存在。即一位富于资本的人与善于经营的人合作。一般情况是，有资本者将资本给予有诚信的经营者，由其运作生利，待获得利润，则本利皆须交回资本者，或者缴纳固定比例的利钱，资本者则给予

[1]　刘秋根：《中国古代合伙制初探》，人民出版社，2007年，第62—64页。

经营者以一定的报酬，以补偿其劳动的付出。如果是借本经营，则经营者还须缴纳一定额度的利息，以用于资本所有者的资本生息。这种境况下的资本就不但具有商业资本的性质，同时也具备了借贷资本的性质。这种经营方式虽然实现了资本和劳动的结合，扩大了经营的规模，但是二者的合作显然对于经营者是不利的，经营者担负的责任过重，不利于调动经营者的积极性，从而不利于经营的继续发展和扩大发展。因此，其经营模式必然要发生变化。

到汉代,变化开始了。根据刘秋根的研究,汉以后，经营者的劳动开始资本化，即资本所有者与经营者以一定的比例分取经营所得的利润。唐以后，这种合作经营的制度获得更大的发展，工商各业中均普遍存在这种合作经营的模式，甚至在农业中也出现了。如合作凿井，合作种瓜果，共佃土地，等等。其中有些是共同劳动后共同按一定比例消费，但当所得劳动收获超过消费能力后，其收获物就可能进入市场，其售卖后所得就成为利润。而由于共同经营的缘故，所得利润必然要按一定比例共同分配，这时，合作生产就具有了合作经营的性质。

总之，中国社会经济中合作经营的形式出现得很早，上溯至先秦时代就已经萌芽了。由于中国古代社会经济的不断发展和繁荣，合作经营在其后的岁月中不断有所发展和变化，至隋唐已经有了比较普遍的、形式不一的合作经营。

降至宋代，中国社会的发展进入了一个辉煌的高峰期，文化和社会经济等方面都产生了灿烂的成果，整个社会的发展提升到一个新的高度。在社会经济领域，比较完全意义上的合作经营出现，并获得了比较普遍的发展。

南宋绍兴十二年（1142）八月，宋廷曾发布禁令一道，云："禁客旅私贩茶货，私渡淮河。与北客私相博易。若纠合伙伴，连财合本，或非连财合本而纠集同行之人，内自相告发者，与免本罪。"[1]分析这条禁令可以看出，这是南宋政府为了禁止南宋民人与北方金统治区的民人的物资交换而发布的，禁止经营的商品是茶叶。茶叶是中国南方特产，非北方所能生产，但茶叶又为北方民人生活所必需，特别是为游牧民族

[1] 徐松：《宋会要辑稿・刑法二・禁约》，见刘秋根编《中国典当史资料集》，河北大学出版社，2016年，第47页。

的生活所必需。因为游牧民族以放牧牛羊等牲畜为业，其食物也自然以牲畜的肉奶为主，而肉奶与农业区的居民所食用的主食谷类相比，显然是属于人类比较难以消化的品种，必须借助茶叶的功能才能有效消化。所以游牧民族历来有消费大量茶叶的生活习惯。游牧民族的这种生活习惯必然导致茶叶成为南北方社会经济中流通的大宗商品，从而为经营者带来丰厚的收益。但从政治的角度考虑，宋廷如果管制了茶叶的贸易，显然就会在宋金对峙中获得一定的主动权。故而有此一禁令的出现。而禁令的出现显然表明南北茶叶的贸易是很活跃的，规模也是不小的，以至于到了必须由中央政府颁布禁令来管制的地步。

要满足北方的巨大消费需要，那么南北方茶叶贸易的规模必然是巨大的。贸易资本自然就不是小本资本所能满足的，于是，纠合伙伴、连财合本或者纠集同行之人即人力联合就出现了。这种合作还不是个别现象，而是比较普遍了，如果仅仅是个别现象，南宋朝廷是没有必要那么广而告之发布禁约的。实际上，茶叶贸易中的这种合作经营，在其他领域也广泛存在着：在粮食贸易中“大商则聚小家之所有，小舟则附大舰而同行，辗转贩粜，以规厚利”[1]。这表明在粮食贸易中已经有了大小资本的联合，大的商家联合小的商家，即是资本的联合。“小舟则附大舰而同行”则是生产资料的联合，是资本联合的又一种形式。可知彼时资本联合的方式还是很灵活的。在海外贸易中，有所谓“带泄”的联合形式，即乡人和熟人以自己的资本交与海商，“以钱附搭其船，转相结托，以买番货而归。少或十贯，多或百贯，常获数倍之货”[2]。海商的贸易规模更大，因为往返路途遥远，风险巨大，必须要集合巨大的资本，形成大的贸易规模，才能应对各种风险。因此大资本联合小的资本是必然的，而海商以海船联合小的资本，又形成了生产资料与资本的联合。在这种联合中，生产资料起主导作用，是资本联合的又一种形式。

综上可以看出，宋代的资本联合也就是股份制存在的基础已经有了多种形式。姜锡东将宋代的资本联

[1] 叶适:《水心集》卷一《上宁宗札子》，见刘秋根编《中国典当史资料集》，河北大学出版社，2016 年，第 47 页。

[2] 包恢:《敝帚稿略》卷一《禁铜钱申省状》，见刘秋根编《中国典当史资料集》，河北大学出版社，2016 年，第 47 页。

合归结为经营方式，他认为，宋代商业的经营方式有四种：委托经营、联合经营、承包经营、赊买赊卖和预付货款的信用经营。虽然是不同的经营方式，但是如果仔细分析，则其中都包含了一定因素的资本之间包括人力资本的联合。所谓委托经营，即“钱财所有者委托某个人或某些人替自己经商牟利。委托者既可以是官府也可以是私人，以私人居多，其中包括文官武将、地主、商人等。被委托者一般是本身缺乏资本但具有经营才干的下层平民或士兵。委托者和被委托者之间的关系，是雇佣关系”[1]。这种人力和资本的结合，实际上已经很接近现代的人力资本了，但是被委托人并不能从盈利中获取资本增值的利益，所获得的只是自身的劳动所得，所以姜锡东认为两者之间是雇佣关系。

联合经营，指“平民与平民之间、平民与官吏之间在进行商业活动时互相联合、互相协作，不同于独资经营和独家经营”[2]，既包括资本的联合，也包括人力的联合，以及人力和资本的联合。资本和资本

[1] 姜锡东:《宋代商人和商业资本》，中华书局，2002 年，第 46 页。

[2] 姜锡东:《宋代商人和商业资本》，中华书局，2002 年，第 51 页。

的联合又称“连财合本”“合本经商”，主要出现在海外贸易、粮食牲畜贸易等较大规模的贸易，一般是大商人和中小商人的联合。这表明即使是大商人的资本也无法满足贸易的资本需求，需要联合其他资本共同进行了。毫无疑问，这种合作属于合作经营的范围。

至于人力和资本的合作，姜锡东将其称为“合股经营”，其产生出于经营的旅途中的安全需要。这种安全需要一方面指对付旅途中可能遭遇的强盗等不测，另一方面则指贸易本身的非法性，譬如走私贸易等。于是产生了人力和资本的联合。而这种合作明显还处于比较初始的阶段，所谓的人力对于经营虽然有贡献，但是与对经营的核心贡献不同，这些人力属于企业保安的性质，其收入应当也是工作一类的受雇的报酬，与现代意义的人力资本相去甚远。所以笔者认为，这种联合经营，似不应当包括在联合经营范围之内。

承包经营、赊买赊卖和预付货款的信用经营则类似近现代的佃富农或者租地农场主性质的贷本经营，只不过其经营对象是商业而已。所以与合作经营也相去甚远。

对于宋代社会经济领域的联合经营，刘秋根称之为合伙经营，其联合形式大约有三种形式：资本和资本的合伙，资本和劳动之间的合伙，介于上述两种类型之间的合伙。其中第二种合伙形式类似姜锡东提出的委托经营，有以资本委托给善经营者的，还有以资本交与被委托人外出贩运经营的。而且，在两宋期间这种经营模式“已经开始走向普遍化”[1]。但刘秋根认为，被委托者获得的收入是经营所得利润的一部分，而非雇佣收入，所以两者之间不是雇佣关系，而是资本联合的关系。所以，刘秋根将之归入合伙关系，如果确认是雇佣关系，则不可能归入合伙制的。因为根据刘秋根的定义，所谓合伙制，主要指的是资本和资本的联合，包括资本和人力的联合，联合各方最终对利润都有所有权。也即是说，在委托经营上，姜锡东和刘秋根之间是存在分歧的。一般来讲，学界分歧的产生有多种原因，有学术观点的分歧，有对史料解读的分歧，等等。解决的办法只有进一步地解读史料、

[1] 刘秋根:《中国古代合伙制初探》，人民出版社，2007 年，第 170 页。

研判史料。对于此一问题，刘秋根征引了一段史料，应当可以说明问题。“某之里中有富人焉，其田之以顷计者万焉，其货之以舟计者千焉。其所富者不以己为之，而以人为之也。他日或说之曰：‘子知所以居其富矣，未知所以运其富也。子之田万顷，而田之入者岁五千，子之货千舟，而舟之入者岁五百，则子之利不全于主而分于客也。’富人者于是尽取其田与舟而自耕且自商焉，不三年而贫。”[1] 分析刘秋根征引的这段史料可以看出，某富人是将自己的田亩和舟货分与“客”经营的，得“利”而分于“客”，也就是某种形式的委托经营，或者说是资本和人力的联合经营。如果不与人力结合的话，仅仅靠资本自身的力量，一方面富人无力全面顾及，另一方面也缺乏经营的经验，“不三年而贫”，这充分说明了资本和人力结合的重要性和必要性。这段史料的关键是一个“利”字，点明了事物的本质，即人力参与的结果是参与利的分配，也就是利润的分配，而非仅仅获得受雇的报酬。当然，利字的含义古今有所不同，“利”本身可能指利润，也

---

[1] 杨万里:《诚斋集》卷六十三《与虞彬甫右相书》，见刘秋根《中国古代合伙制初探》，人民出版社，2007 年，第 171 页。

可能指收到的报酬，得到报酬也是得利了，而这种报酬就有可能是受雇得到的报偿。但解读刘秋根征引的另一段史料则可以有明晰的结论：南宋枣阳有申师孟“以善商贩著干声于江湖间，富室裴氏访求得之，相与欢甚，付以本钱十万缗，听其所为。居三年，获息一倍，往输之主家，又益三十万缗，听其所为。老裴死，归临安吊哭，仍还其赀。裴子以十分之三与之”[1]。观察这段史料就可以很清楚了，作为经营者的申师孟获得了“赀”的十分之三，而赀同资，均为资本的意思，申师孟归还的赀根据其第一年的行为，是连本带息“往输之主家”的，也就是说包括投资的资本，和原始资本生殖的资本。待老裴死之，往输主家必照原有的模式，也是连本带息的，而裴子与之十分之三，则申师孟显然是参与了资本的利润分配，只不过所获占三分之一而已。也就是说，在资本和人力的联合中，人力的作用的评价依然是在资本之下的。所以，这种联合经营的模式已经是资本和人力的联合是确定无疑的了。

---

[1] 洪迈:《夷坚三志》辛卷第八《申师孟银》，见刘秋根《中国古代合伙制初探》，人民出版社，2007 年，第 170 页。

据此可知，至宋代，社会经济的发展已经有了很大的进步，不但出现了资本和资本的联合，而且比较普遍地出现了相对较成熟的资本和人力的联合，这种人力不但参与到经营中去，而且参与经营利润的分配，已经距离近代意义的人力资本很近了。

降至明代，社会经济不断进步，商业资本的规模不断扩大，合作经营的模式不但依然普遍存在，而且明确出现了“合伙”的叫法。

在山西商人中，资本与人力联合的制度叫作伙计制度，“平阳、泽、潞，富豪大贾甲天下，非数十万不称富，其居室之法善也，其人以行止相高，其合伙而商者，名曰伙计。一人出本，众伙共而商之，虽不誓而无私藏。……故有本无本者，咸得以为生”[1]。著名明史专家田培栋先生认为，“合伙”是山西商人较普遍的经营形式。在这种经营模式中，伙计不出资，但作为企业经营者，作为资金增值的参与者，同样享受分红的权利。根据田培栋先生的研究，所谓合伙中的伙，指的是经营中的伙计，则显然指人力。所以以“合

[1] 沈思孝:《晋录》，见田培栋《明代社会经济史研究》，北京燕山出版社，2002 年，第 306 页。

伙”一词指资本和人力的合作似乎更稳妥，而泛指一切古代的合作经营或者联合经营则似有不能涵盖全面之嫌。田培栋先生认为，在合伙经营中，山西商人的做法通常都是富有者自己出资，然后吸收一些品行端正（主要是“守信不欺”）的人做伙计，并把经营权委托给伙计去办，而伙计也以认真负责的态度履行自己的职责[1]。田培栋先生认为“徽州商人在经营上也大致像山西商人”。除了山西商人普遍实行的东伙合作的“伙计”制度外，徽州商人中还存在着一种“分身”制度：“新安商人勤俭甲天下，故富亦甲天下……。大贾辄数十万，则有副手而助耳目者数十人，其人皆铢两不私，故能以身得幸于大贾而无疑。他日计子母息，大羡，副者给分身而自为贾，故大贾非一人一手足动也。”[2]这种制度无疑契合了现代的人力资本的理念，即承认管理者在资本增值中的作用，但比山西商人的分红更进了一步，即在增值的资本中分出一部分给予

[1] 田培栋：《明代社会经济史研究》，北京燕山出版社，2002年，第306页。

[2] 顾炎武：《肇城志·江南》，见田培栋《明代社会经济史研究》，北京燕山出版社，2002年，第307页。

参与经营者，使其能自立为贾，出现新的商家。但这种分身究竟是东家的分号，分身者入资，还是分身者自立门户，则不甚清楚。但其承认人力资本在资本增值中的作用则是可以肯定的，这实际上就是后来普遍实行的身股制度。

田培栋先生认为，山西、徽州商人的资本组织方式并不是孤立存在的，明代已经逐渐传播到了全国各地，“山西和徽州商人的这种管理办法，后多为其他地方商人采用”[1]。也就是说，伙计制度已经比较成熟从而被很多商人、商帮接受并运用到经营中去了。

但是，对于明代的合伙制，刘秋根有不同看法。他认为，明代文献中的“伙计”一词有多种含义，第一种就是伙伴的意思，即大家结伙经营，结伴而行；第二种即上引田培栋先生所述之意，客商雇请伙计帮助经营，也就是资本和人力的结合；第三种指“一些经营者领财主之资本经营，按固定利率缴纳利钱的经营方式”[2]；第四种即“合本共作”“纠合伙伴，同财共

[1] 田培栋：《明代社会经济史研究》，北京燕山出版社，2002年，第307页。

[2] 刘秋根：《中国古代合伙制初探》，人民出版社，2007年，第188页。

作”[1]，刘秋根认为这才是正式的合伙制。也就是说，刘秋根之所以把合伙制归纳为四种，完全是从字面出发的，只要史料中出现合伙字样，就归结为合伙。至于是不是合伙制，那是学术分析的问题。实际上上述四种合伙制，刘秋根认为只有第四种才是真正的合伙制，也就是资本和资本的联合才是真正的合伙制，“正式的合伙制”。显然，田培栋和刘秋根对于联合经营的理解是不一样的，界定也不一致。但是，本书研究的是近代中国股份制的中国起源问题，而上述伙计制度，以及“合本共作”“纠合伙伴，同财共作”制度都包含了后来股份公司制度的萌芽，也就是资本的联合因素，所以本书均将其列入探讨的范围之内。

从上述的回溯可以看出，虽然古代的商业乃至农业经营中尚无完全意义上的股份制度出现，但是却出现了股份制度得以诞生的基础——联合经营，不论这种联合经营是资本和资本的联合，还是资本和人力的联合，毕竟都是不同所有权的资本的联合，这就为后来的股份制度的出现奠定了基础，并提供了可能。

[1] 刘秋根:《中国古代合伙制初探》，人民出版社，2007年，第189页。

二、传统联合经营制度在清代及近代的延续与发展

清代是连接古代和近代的桥梁，其本身就跨越了古代和近代两个时代，所以，探讨清代的传统股份制度如何在近代延续并逐渐发生变化，对于探究中国股份公司的中国古代的源流问题显然非常有意义。

早在清初，中国古代的股份制就已经形成了比较完善的形态。比如，现藏南京大学历史系的《康熙孙氏文契簿》中有一份合同："立合同人朱六吉、孙真吉，今于广信府铅山县河口镇，贰家均买龚宅屋一所，改造并装当架、柜台等项，贰宅办认，不在行本之内。外合本开张朱元亨字号典铺生意。二面议定，本领各出一股均做，每年得利，除本典典税、房租、辛力、伙食一应使用，仍存利银二人均分，不得多寡不公之事。如有欺瞒者，听凭中友公论，无辞。开张之日，公立总簿二本，各执一本，八本登簿，递年存算。今恐无凭，立此合同一样贰张，各执一张，永远

存照。”[1]这是一份订立于康熙十二年（1673）四月的设立当铺的合同。观察合同可以看出，当铺的设立，由两个人投资，采用等额股份的模式投资，所得盈利在刨除成本后，利润的分配也采用按股均分的模式。这已经是比较典型的中国传统经济中联合经营的股份制模式了。

这种采用股份制来实现联合经营的模式，其后不断发展，更加完善，形式也更加多样，并且在各地的商业、金融、典当等行业广泛存在。最典型的是山西商人的资本组合模式，有资本和资本的联合，有资本和人力的联合，亦有股份之间的联合，甚至出现了人力和人力的联合。有的联合形式还掺和有多种形式的联合，或者是由一种联合形式向另一种联合形式过渡，其自身的发展轨迹就是一部中国古代股份制发展的博物馆。

譬如山西商人经营的包头商号——广盛公后来改为复盛公——的发展就经历了多种形式的变迁。广盛公于乾隆年间起家，由于山西祁县乔家堡的乔姓人与

[1] 南京大学历史系藏:《康熙孙氏文契簿》，见王裕明《明清徽州典商研究》图版13，人民出版社，2012年。

同县大常镇的秦姓人要好，自幼结为异姓兄弟，故而一同来到内蒙古的萨拉齐厅学徒当伙计。稍有积蓄后便共同来到包头经营草料铺等杂货。其经营规模之小甚至连正式的字号都没有，基本就是靠着勤劳苦干得几个辛苦钱。中间还曾经亏损，几乎垮台。所以，最初，乔、秦二人的联合基本上就是人力和人力的联合，资本的作用微乎其微，几乎可以忽略不计。乾隆二十年（1755）以后，由于做黄豆投机生意成功，开设了名为广盛公字号的商店，乔、秦的联合才真正成为资本的联合，由二人自东自掌，经营货栈和客栈业务。又经过数年的发展，乔、秦两人另请掌柜主持业务，扩大经营。两人从此成为完全意义上的资本所有者，或者叫作财东，商号的经营也就形成了资本（又称银股）和人力（又称身股）的结合。以后，广盛公又改组为复盛公，由乔家以“在中堂”“大吉堂”“进修堂”“德兴堂”的名义、秦家以“三余堂”的名义共同投资白银三万两入股，在广盛公的基础上改组而成，主要业务依然是粮食杂货，兼营当铺、钱铺等。

从上述广盛公到复盛公的发展轨迹可以看出，这家商号就是人力和人力的联合、资本和资本的联合、资本和人力的联合的缩影。最终，在不断积累和资本与人力联合的基础上，这家商号发展出了有人力股参与的股份制：复盛公“三年一结账，每一份生意不论财股或身股，经常可分红二三千两银子。盈利多了，也不过多分红，少了也不降低分红，以保持经常均衡稳定的状态，免得伙友们钱多了另作别图，钱少了要想脱离。……顶生意者（即顶身的股份）快者九年、十年，一般为十二年，还有进号二十年才顶生意者。……掌柜殁后，在号上顶身股一份者，可享应支红利三账（和生前一样在结账期按股分红）。三账后取消。身股不满一份者，可享两账，作为抚恤”[1]。可以看出，复盛公的股份制主要体现在投资和分红上，但更主要的是体现在分红上，因为投资的时候身股是没有资本投入进来的。分红是按股分派的，全部股份中有的是财股，有的是身股。财股又称干股，是财东真正投进来的货币资本；身股又称英雄股，是掌柜等管理人员凭借自己的管理能力和业绩获得的分红权利。这表明复盛公承认管理在资本增值中的

[1] 山西省文史资料委员会田际春、刘存善编:《山西商人的生财之道》，中国文史出版社，1986 年，第 11 页。

作用。但是，身股与财股还是有区别的，即财股可以继承，只要不抽股，就可以永远参与分红。而身股则不可以继承，除了身后参加两到三期分账外，再无权利分红。

这套股份分红制度表明，复盛公已经有了比较完善的股份制度，除了财股是按股份投资组成商号的实有资本外，商号还承认管理层的管理有增值作用，也作为股份参与商号的利益分配。实际上，不仅仅管理层，商号的所有人员均有参与分配的权利，只要进商号学徒，出徒后就可以根据表现和工作年限给予不同的股份，一般从一厘股开始，慢慢累积，最终可以顶一份身股。这套股份制，不但有完善的股份投资分配制度，甚至在西方的人力资本理论出现前的二三百年间，就已经开始承认人力的作用，并将人力纳入资本增值的范畴了。显然，这是一个非常大的历史进步，是中国人民对世界股份制发展的一大贡献。

山西票号和其他商业中也曾广泛实行股份分红和顶身股制度。徐珂曾在《清稗类钞》中详细描述了银股和身股的情况，“出资者为银股，出力者为身股。必俟基础确定，而后从事开拓。且择齿近弱冠之年少略知写算者，使习为伙，历数载，察其可造，酌予身股，不给工资。惟岁给置备衣服之资。三年结账，按股分余利。营业愈盛，余利愈厚，身股亦因之以增。以此人人各谋其利，不督责而勤，不检制而俭。其发起人及效力年久，于其身后，必给身股以瞻其家，子孙而贤，仍可入号。未得身股以前，不得归，毫厘有差立摒之，他号亦不录用，是以作奸者少”[1]。可以看出，身股是企业发展的产物，“必俟基础确定，而后从事开拓”意为商号有一定程度的发展之后，随着经营规模的扩大，财东已经无法全面顾及，故而有聘请专门管理人员之举。为了激励管理人员则采用按股分红的办法，使管理人员都能产生向心力，从而使得企业具有凝聚力，经营必然不断发展。

不仅北方，在江南的商业金融业中，也广泛存在利用股份制聚集企业经营需要的资本的现象。例如主要在江南经营的钱庄业，以及经营盐业的徽商，散布于各地的典当商等，其资本来源也主要依靠股份制来

[1] 徐珂:《清稗类钞》第十七册（农商类），见中国人民银行山西省分行、山西财经学院《山西票号史料》编写组、黄鉴晖编:《山西票号史料》增订本，山西财经出版社，2002年，第582页。

聚集。

在清代达到顶峰的中国古代股份制，一直延续到鸦片战争后，对近代中国股份公司的发展产生了影响。例如，山西太古的广誉远药厂，创建于明嘉靖年间，最初只是一个老医师开设的私人诊所的附属药房，名为广盛号。后转入杜氏之手，亦未对外经营，依然属于家庭药铺的性质，自然也就没有实施股份制以扩大经营。

进入清代以后，随着社会商品经济的发展和社会对药品需求的增加，广盛号获得了比较大的发展。嘉庆十三年（1808）广盛号改组为广升聚，或称广升药店，开始对外营业，并在资金的聚集上实行股份制。除原有的控制广盛号的杜氏外，有姚聚上等5人投资成为股东，杜氏的资金占全部股本的一半。由于近代后，海禁大开，国内市场逐步扩大，广升聚的营业日渐扩大。除了山西大本营的业务外，还逐步向外扩张，先后在中药材的主要产地和集散地汉口、怀庆（今河南沁阳）设立分庄，采购药材。甚至远扩至华南广州等地，收购南药。到光绪四年（1878），商号再次增资，股东又增加了7家，股本由原来1808年组建时的6000两增加到2万两，营业蒸蒸日上。但是，营业的发展并不能遏制内部股东的纷争。于是增资后仅仅数年，到光绪十一年（1885），广升聚就分裂了，四名股东带头退出，另组广升远药店，与广升聚形成两广对峙的局面。

两广分裂后，广升远进入快速发展时期，不但经营零售，还经营批发，以后批发逐渐成为主业，业务范围也从广州再度南扩至香港，开展药品的国际进出口业务。广升远之所以能够获得大发展，有多种因素，其中与股份制中的人力股发挥了重要作用有关。

在两广药店分裂的时候，带头组建广升远的就是凭人力股进入广升药店股东行列的申氏。由于精通药店经营，在另组广升远之后，他不但从社会上招揽游资20余万两，大大壮大了企业经营的基础，还继承了广升聚的优良经营经验，比如利于资金积累的“倍股”[1]制度就得到了很好的继承和执行。从而使广升远的资金增加很快。光绪十六年（1890）广升远第一次

[1] 所谓倍股，就是各股东按其股份的比例，留下一部分红利，充作扩大经营的资金。见《山西商人的生财之道》，中国文史出版社，1986年，第44页。

分红时，广升远就通过倍股的方式增资6000两，为成立资本的四分之一。

带头组建广升远的申氏还大力推行人力股制度。凡药店职工，均有顶身股的可能，只要努力工作，成绩显著均能顶身股，并不断提高身股，最高可以顶一股。在三年或者五年分红的时候可以参加分红。从而形成“多干活，多听话，一旦熬出头，顶上几厘人力股，后望无穷”[1]的理念，从而调动了职工的工作积极性，推动了药店营业的发展。

广升远药店一直存在到新中国成立，另一家广升药店先后从广升聚改组为广升蔚、广升誉和广升裕，也维持到新中国成立。另外，还有很多创建于近古乃至前清的实施古代股份制的商号也在近代延续了下来，并且一度焕发生机。它们有别于西式的股份公司，却与西式股份公司比肩并行，是近代中国社会经济中不可忽视的独具特色的经济力量。

广升药店等古色古香的传统股份制企业，从古代走来，经历近代，一直走到中华人民共和国成立。其

---

[1] 山西省文史资料委员会田际春、刘存善编:《山西商人的生财之道》，中国文史出版社，1986年，第47页。

间，它们充满智慧的中国古代样式的股份制不断完善，给予企业发展以生机。其存在必定给组建近代股份公司的国人以影响和启发，甚至影响在华外国企业。当外国在华企业和华人资本联合时，必定受到影响。他们不能不考虑中国的国情，不能不参照中国原有的古代股份制度来创建新式的股份公司。

第二章　近代中国股份公司制度的西源探究

现代意义上的股份公司制度首先在西方产生，并且随着工业革命的发生和西方经济的发达而发展成熟，并在西方的扩张中传播到全世界。东方的弱小民族如果不想灭亡，就必须接受先进的资本组织方式。中国的股份公司当然也不例外，其源头不能忽视西方股份公司的重要影响。

一、西方公司制度的起源及其发展

公司制度起源于股份经济，这在现代经济学家和历史学家看来，似乎已是没有太多分歧的看法[1]。现代股份公司经济究竟起源于何时，学术界的看法歧说不一[2]。从现存史料看，股份经济的因素很久以来就存在于西方古代世界的各种经济活动中，其萌芽可以追溯到罗马共和国和罗马帝国时期。

1. 古罗马的包税公司与股份经济的萌芽

根据罗马史研究学者杨共乐及其学生刘颖的研

[1] 黄速建在《公司论》(中国人民大学出版社，1989年，第17页)中引证了丹尼尔·A. 雷恩、汤普逊、郭振英等人的话，提出“早在罗马帝国时期，就存在着公司或类似公司的组织”，“古罗马的包税人的股份委托公司，被经济史专家认为是股份经济的先兆”。

[2] 道格拉斯·C. 诺思认为，早在古希腊和罗马城邦时期，排他性的私有产权制度就发展起来(《经济史中结构与变迁》，上海三联书店、上海人民出版社，2003年中译本，第116—124页)；李玉说：“公司制在西方有较为久远的历史，其渊源可追溯至古罗马时期。”(《晚清公司制度建设研究》，人民出版社，2002年，第4页)；付卡佳、白津夫引用马克斯·维贝尔在《世界经济通史》中的话说：“在古代‘罗马包税人的委托公司中可以看到股份的前兆’，可见，作为公司基本形态的股份经济，其基本内容在这里已初露端倪。”(《中国股份制》，工商出版社，1998年，第60页)黄速建则把学术界关于公司的起源或产生的意见归纳为三种：一是起源于中世纪欧洲大陆的地中海沿岸，由家族营业团体发展而来；二是起源于中世纪的海上贸易，由船舶共有、康枚达等组织发展而来；三是两种起源兼而有之(《公司论》，第19页)。

究[1]，公元前 2 世纪，罗马共和国经过长达三个多世纪的对外战争，从意大利半岛的一个小小城邦一跃成为地中海世界的霸主，罗马的公民人口比建国初期增加了两倍，领土面积扩大了一百倍以上。为适应人口和领土增加的需要，贸易和交通获得了发展，古代形式的资本活动繁盛起来。马克思指出："在古代罗马，从共和国末期开始，虽然手工制造业还远远低于古代的平均发展水平，但商人资本、货币资本和高利贷资本，却已经——在古代形式范围内发展到了最高点。"[2]如此发达的古代资本活动为股份经济的产生提供了条件。

股份经济首先在货币大量流通的国家税收领域产生。随着罗马共和国的扩张，原有的简单的国家机器已无法适应大规模的管理工作的需要，少数贵族已经很难有效地实现对国家的治理。为了在最短的时间内实现有效管理，保证国家税收的完成，罗马统治者采

---

[1] 杨共乐：《罗马社会经济研究》，北京师范大学出版社，1998 年；刘颖：《论共和晚期骑士等级对罗马国家的影响》，硕士学位论文打印稿，1999 年。以下关于罗马时期股份经济状况的叙述，除注明出处外，充分利用了上述两位学者的研究成果。

[2] 马克思：《资本论》（第三卷），人民出版社，1975 年，第 671 页。

取了由有经验的私人承包工程并包税的管理办法。

据记载，承包的过程是这样的：首先由元老院决定发放合同的性质并分配所需上交的钱款额，然后由监察官在罗马拍卖。承包期一般以5年为限，中标人在支付保证金之后就有了承包权。起初，承包规模都比较小，多由个人投标，主要承担公共建筑、公路、沟渠和桥梁的建筑与维修，或为军队提供军需，等等。

后来承包规模不断扩大，特别是海外行省和殖民地的税收不断增多，许多竞标者就联合起来形成承包联盟和包税公司。在这些包税公司中，股东（socii）以持有股票表明自己对公司资本的占有，但不参加公司的日常管理。公司的管理由一群叫作magistri的长官组成的委员会控制，委员会的委员不一定是股东，但在委员会中负主要责任的委员必须是大股东（major shareholder）。公司参与竞标通常由叫作manceps的主要负责人执行，但合同必须由每个股东签署方才有效。还有一些包税联盟（societas），其发展水平更高一些，它的存在是以拥有联盟自身的权力为前提的。联盟拥有以自身的名义执行合同业务的权力，这种权力可以一直存续到股东变更。从法律上讲，公司不能超过合同规定的5年期限永久存在下去，但是同一群股东可能再次获得税收承包权，公司就有可能不断地存在下去。

公司股东还可以分别投资不同的包税公司，成为数个公司的股东，并且可以通过买卖股票转让股权，甚或牟利。“在罗马那块大公共场地——广场——中的卡斯托尔神庙附近，每天都进行着交易活动。这里拥挤着成群的人们，他们在买进和卖出包税公司的股票和债券、各种各样现金交易或信用交易的货物，意大利和外省的农庄与地产、罗马及其它地方的房产与铺面、船只和货栈、奴隶和牲口等等。”[1]

可以看出，罗马共和国时期的包税公司已经发展到相当高的水平，在这里已经具备了几乎所有现代股份公司制度的萌芽：公司资产由多个股东入股合资组成；资产所有权和经营权已经有了某种程度的分离，由 magistri 组成的委员会已经具有董事会和经理的某种职能；包税联盟甚至已经有了某种法人的身份和权力，不是以人而是以组织——联盟的名义执行义务；

[1] 〔美〕M. 罗斯托夫采夫：《罗马帝国社会经济史》（上册），马雍、厉以宁译，商务印书馆，1985年，第53页。

股票和债券的买卖则说明已有证券交易的雏形。

但是，这些都仅仅是形式上的相似而已。如果深入考察就会发现，由于现代股份经济和包税公司赖以发育的经济基础不同，因而二者在本质上有着极大的区别。罗马共和国的经济基础是奴隶制，这种经济制度是奠基于发展水平较低的生产力基础之上的，经济还没有发展到出现资本联合需求的阶段，小规模、低水平的资产所有即可满足经济发展的需要。因此，经济所有制是以一个个相互独立的个人所有制为基础的。这种经济本质上是一种小私有经济。作为保护经济基础的上层建筑——国家——必须维护其赖以存在的经济基础——小私有经济的利益。因此，罗马共和国的法律"就其主体而言是从属于个人利益的，它不承认任何组织单位。因而，个体在法律规定的范围内是相互隔绝的有自治权的实体。……法律规定的任何联系都源于相互隔绝的个体的权力和责任"[1]。在这种法律体系之下，任何联合体的存在都没有法律上的合法性，它只承认个人所有的合法性。因此，包税公司

[1] J. R. Love：*Antiquity and Capitalism*.Routledge. p184.

虽然在实际运作中实现了资本的联合，但并没有实现资本所有权的联合，公司只是资本运营和管理的实体，却不是资本所有权联合的实体，资本所有权仍然属于每一个作为独立个体的个人。所以，当公司的运作触及所有权时就必须征得个人的同意。这就是为什么行省监察官只与作为个体的 manceps 而不是与公司签署合同的缘故，也是在公司主要负责人 manceps 签署合同之后仍需每个股东签署合同的原因。

从罗马私法的角度来看，包税公司没有任何存在的合法性。它作为权力和利益上的联合组织之所以能够存在，并不是因为它取得了法律上的合法性或者是作为法律上的例外来对待，而是因为“他们得到了罗马行省财政当局的庇护。……他们被认为是一种职业的联合，而不是基于私法的实体。他们的出现是被作为一种合乎私法的具有社会联系的政治实体来看待的”[1]。也就是说，包税公司存在的奥秘更多是基于政治的原因，而不是经济的原因。行省财政当局为了统治的需要和确保稳定的税收，把包税公司作为一种职

[1] J. R. Love：*Antiquity and Capitalism.*Routledge. p184.

业的联合体来对待，是政府需要的政治联合体，而不是经济的联合体。因为政府认为“同一个有组织的、人员熟悉的团体打交道，比起同一群漫无组织的陌生者打交道要容易得多”[1]。这种基于政治原因而产生的公司，其生存基础显然十分脆弱，一旦失去政治权力的庇护，就将烟消云散。

公元二三世纪，包税制度的弊端已经发展到令人无法容忍的地步，古罗马历史学家李维曾经在他著名的《罗马史》中这样描述过包税制度：“哪里有包税商，哪里就会出现无法无天,哪里的居民就失去了自由。”[2]罗马帝国皇帝决定取消包税制度，而代之以“有系统的公众经济原则”[3]。包税公司从罗马史上消失了，再也没有出现过。因为它赖以生存的政治权力的庇护再也没有出现过。

虽然，包税公司的存在主要是由于政治的和统治

[1] 罗斯托夫采夫:《罗马帝国社会经济史》(上册)，商务印书馆，1985年，第231页。

[2] 转引自刘颖:《论共和晚期骑士等级对罗马国家的影响》，硕士学位论文，北京师范大学，1999年，第31页。

[3] James Westfall Thompson. *Economic and Social History of the Middle Ages*. D.Appleton-Centory Company, 1928: p7, 44.

阶级的需要，但并不等于它没有任何经济根源而依随人的意志凭空产生。历史唯物主义认为，任何事物都可以从深藏于现象背后的经济中找到原因。包税公司只能是疆域辽阔、交往频繁的鼎盛罗马的产物，而不可能是古希腊或者更古一些历史时期的产物。因为包税公司必须建立在商品经济和市场交换有了一定发展的基础上，商人的资本也必须积累到一定程度，才有可能交纳巨额保证金从而投标承包。据载，公元 2 世纪，修建 Marcian 引水渠的保证金是 4800 万左右狄纳里，即使从今天的标准看，这也是个不小的数目。

包税公司在罗马历史上存在了几百年，最后由于弊端的极度发展而灭亡。虽然如此，其在股份公司制度发展史上还是功不可没。它开股份经济之滥觞，它创造的股份经济的组织结构和运作方式对后世股份公司制度的发展产生了长久而深远的影响。

包税公司从罗马帝国的经济生活中消失了，但庞大的帝国依然存在。帝国相对滞后的管理机器依然在缓慢运转，帝国当局在管理上对民间帮助的依赖并没有消失，股份制生长的空间依然存在。继税收领域之后，股份经济又在与帝国生存密切相关的运粮行业生长起来。为了满足庞大的军队和罗马城众多居民的需求，从共和国时期起，罗马境内就存在着规模巨大的、活跃的粮食贸易。帝国时期，海上运粮发展起来，产生了宏大的运粮船队。至少在科马杜斯时代（180—193）前，就已存在着亚历山大船队或亚历山大商船分队。科马杜斯时代后，又增加了非洲运粮船队、西班牙运粮船队和撒丁尼亚运粮船队。这些运粮船队使用的船只都非常巨大，“琉息安所描写的一只埃及运粮船‘爱色斯’号有180英尺长，45英尺宽，有三重甲板，载重1575吨。每次所载货物的平均值约值15，000美元”[1]。组建如此巨大的船只组成的船队必然需要大量资金，再加上经营所需的流动经费，则显然不是独立的个体所能承受的，建立在资金联合基础上的公司的产生成为必然。

运粮行业的公司有着与包税公司极其相似的特征：其一，公司采取入股的方式实现资金的联合，它们甚至在名称上都一样，在拉丁文里都叫作 societates publicanorum。“现在我们还可以看到有些流传下来的

[1] James Westfall Thompson. *Economic and Social History of the Middle Ages*. D.Appleton–Centory Company，1928：p4.

关于第三和第四世纪船夫行会的重要文献”，这些文献表明，粮食运输的经营“和大的资本公司（societates publicanorum）相勾结着，而那些被禁止经商的罗马元老往往是这些公司的匿名股东（sleeping partners）”[1]。

匿名股东的出现，说明运粮公司在资金的募集和运作方式上已经比包税公司有了一定的发展。公司内部不仅存在不参与管理的一般股东，甚至还有了不公开身份的股东——罗马元老。罗马元老是罗马社会中最富有的阶层，但受到公元前 218 年保民官 Q. 克劳迪乌斯提出的法案的限制，无法参与经商。然而，运粮公司的丰厚利润无疑对元老有极大的吸引力，而元老的财富对需要大量资金的公司无疑也颇具诱惑。

罗马社会最富有的阶层进入公司，给公司带来了大量资金，也给公司的管理委员会带来了新的管理职能。资金和运作规模的庞大必然要求管理委员会付出更多精力。这些公司依然是由相互独立的个体组成，“帝国时期商业活动的个体性可以从罗马法律中关于团体组织（societates）的专款看出来。……罗马的

[1] James Westfall Thompson. *Economic and Social History of the Middle Ages*. D.Appleton-Centory Company, 1928 : p4.

societates〈团体组织〉仅仅是个人的团体，虽然组成了这种团体，但个人活动所受限制很小”。公司没有实现资产权的联合，政府依旧把它们看作职业的联合。政府与公司之间的这种关系“与其说是一种经济性的关系，还不如说是一种社会性和司法性的关系”[1]。

其二，运粮公司是适应国家统治的需要产生的，得到了帝国行政当局的庇护。“帝国行政当局如果没有这种组织的帮助就根本无法解决运输大量笨重物资这一极端棘手的问题。”[2] 为了保证帝国的粮食供应，帝国行政当局对运粮公司给予优先承认，通过与之签订合同确认其合法性，并给予种种特权和照顾：造船木料由政府供给，“公司成员享有某种特权和免税权”。有的还获得了极高的荣誉，在里昂有一个著名的船夫组织，“它的成员在尼姆的圆形剧场享有四排座位的权利，而且君士坦丁曾赐给他们骑士的等级”[3]。“因

[1] 罗斯托夫采夫：《罗马帝国社会经济史》（上册），商务印书馆，1985年，第250页。

[2] 罗斯托夫采夫：《罗马帝国社会经济史》（上册），商务印书馆，1985年，第231页。

[3] James Westfall Thompson. *Economic and Social History of the Middle Ages*. D.Appleton-Centory Company，1928：p5.

为它们对国家是有利的，或者说多少是国家不可缺少的。”“如果这些组织无益于国家，那么帝国政府就不会予以承认，更谈不上予以保护了。不仅首先得到承认而且还首先获得保护和特权的帮会就是商人和船主帮会，这件事是值得注意的。”[1] 同包税公司一样，运粮公司的产生更多是基于政治的原因，或者是适应了统治阶级统治的需要。

2. 中世纪欧洲股份经济的发展与公司制度的出现

公元四五世纪，在外族入侵和政治腐败的双重打击下，罗马帝国日渐衰落。昔日繁茂的田野退化为杂草丛生的荒芜土地，曾经是潺潺渠水流淌的排灌工程变为无人理睬的荒野弃儿；手工业普遍衰落，商品交换萎缩；人口下降，疾患流行。繁荣的经济在一片荒凉中还原为自然经济，葡萄酒代替货币成为硬通货。经济生活没有了货币和交换就像是花儿没有了阳光和水，曾经在罗马帝国经济生活中举足轻重的大公司失

[1] 罗斯托夫采夫：《罗马帝国社会经济史》（上册），商务印书馆，1985年，第231页。

去了生存条件，逐渐在经济生活中销声匿迹。

“一个人会以一匹马去换一袋谷物，以一块布去换一些盐，以一磅胡椒去换一双靴子。”欧洲经济以退回物物交换的原始面貌进入中世纪。中世纪早期，“从商业产生的动产经济或货币经济，极不重要，货币的作用极为微小。只有土地和它的产品才构成财富。在这种为土地贵族的严格体制所限制的纯粹农业社会中，经济生活似乎已经处于停滞状态”[1]。

但是欧洲经济的发展并没有因此失去希望的曙光，在罗马帝国的遗产——拜占庭帝国及其附近的某些地中海沿岸城市，由于相对稳定的政治经济环境，商品经济依然缓慢地向前发展。异地和远途贸易依然比较活跃。拜占庭为了自身对外贸易的需要，甚至曾经采取过“一种聪明而积极的政策，同国外订立许多条约来开辟国外市场”。“它赞成海上商业，实行保险和船货抵押放款，它的商事法典有助于海运公司的组

[1] 〔法〕P. 布瓦松纳:《中世纪欧洲生活和劳动》，潘源来译，商务印书馆，1985 年，第 162 页。

织，这些公司由其成员共同分摊利润与损失。”[1] 在威尼斯和热亚那等地中海城市，行商结队贩运，从一国旅行到另一国，经营拜占庭和西欧之间的贸易。

但是，经营这种贸易面临种种不利因素和极大风险：不良的信贷制度，来自封建领主的报复，以及地中海猖獗海盗的威胁。“这些危险曾引导商人和船舶所有者来组织股份公司，他们共同分取了利润，也共同分担了损失。”[2] 随着贸易的发展，13 世纪以后投资人对船舶和航运业的投资入伙变得越来越普遍。但是这种合伙还是不稳定的，通常每次航行归来之后就结账，根据花费和收入的情况结算，入伙者人人有份。但是也有血本无归的时候，在遭遇海难和海盗抢劫的情况下，不但没有收入，甚至还要赔上生命。

时光流逝，一切都在悄悄变化中。随着技术的改进，船舶的吨位变得越来越大，可装载的货物越来越多；装备也在不断改进，货船航行的里程越来越远，

[1] 〔法〕P. 布瓦松纳：《中世纪欧洲生活和劳动》，潘源来译，商务印书馆，1985 年，第 52 页。

[2] 〔美〕汤普逊：《中世纪经济社会史》（上册），耿淡如译，商务印书馆，1984 年，第 228 页。

还能经受较大的风浪；船上雇用的工人也越来越多。所有这些改变都为航运的经营带来了越来越多的利润。人们不希望把很有把握到手的利润拱手让给他人，他们渴望把对利润的获得保持下去，而不仅仅是一两次。于是,合作的时间变得越来越长。航运公司出现了，“它们常年经营，股份制被采用，使得投资者成为长期的合伙人”[1]。

在航运公司出现的同时，商业公司也产生了。商业公司最初以家族公司的形式问世，早在14世纪前后，德意志地区就出现了经营同威尼斯之间的贸易的家族公司，其中拉文斯堡公司几乎存在了150年之久。在漫长的一个半世纪中，需要大量人力的拉文斯堡公司演变成拉文斯堡人和康士坦茨人的公司，“它由60至70个伙伴，即负有全权的、参与投资的,并有利润要求的合伙经营者组成，他们居住在南德意志的各个城市中部分成了各营业所的经理人，即经常性营业所

[1] 厉以宁:《资本主义的起源——比较经济史研究》，商务印书馆，2003年，第205页。

的领导者”[1]。在这样的公司中，除了有限公司的影子尚未出现外，现代形式的公司制度几乎都有了最初的萌芽。

到了17世纪初，随着外贸公司的出现，“真正的资本公司,尤其是股份公司的鼎盛时代”[2]开始了。英国东印度公司、近东公司和非洲公司就是这类公司的典型代表。外贸公司，顾名思义，就是经营对外贸易的商业公司。对于资本主义早期的西方国家来说，它们肩负着开拓海外市场的使命。因此，当西方人东扩来到中国时，就顺带携来了西方形式的公司制度。

二、私人公司——最早进入中国的西方公司形态

西方公司经济侵入中国早在鸦片战争前就开始了，但西方股份经济与中国资本相结合并进而形成股份制公司组织则是19世纪60年代以后的事。

---

[1]〔德〕汉斯·豪斯赫尔:《近代经济史》，王庆余、吴衡康、王成稼译，商务印书馆，1987年，第32页。

[2]〔德〕汉斯·豪斯赫尔:《近代经济史》，王庆余、吴衡康、王成稼译，商务印书馆，1987年，第174—175页。

鸦片战争前进入中国的西方经济组织主要有两类。一是采用股份制的东印度公司。东印度公司成立于1600年，是英王特许成立的专营好望角以东至麦哲伦海峡的整个东方地区贸易的垄断公司。起初，它像所有原始形态的航运公司一样，只是一种临时性的合股组织，在最初的12次航行中，“只有船舶是共有的，贸易资本还是各个人的，仿佛是以一种合组公司的形式在进行贸易。在1612年，各个人的资本才合并为共同资本”[1]。这时它还不是完全意义上的近代股份公司，但每个人的资本已作为股份为个人所有，指定或者选举官员来管理资产，初具近代股份公司的雏形。随着时间的推移，东印度公司股份制逐渐完善起来。股本趋向于变为长期的投资，股息定期发放，公司的管理制度不断得到改善。公司的组织管理制度发生了质的飞跃，演变成近代意义上的股份公司。

1715年，东印度公司在广州设立商馆，从此与中国建立起比较稳定的贸易关系。但是，近代意义上的股份制并没有因此被介绍进中国。其原因可以多种多

[1] 〔英〕亚当·斯密:《国民财富的性质和原因的研究》(下卷)，郭大力、王亚南译，商务印书馆，1974年，第307—308页。

样，笔者认为，下列几点似乎是更重要的：

第一，东印度公司是英王特许垄断东方贸易的半官方组织，它只与清政府特许的广州行商进行贸易，而不直接与民间商人打交道。这一时期，正是清政府厉行闭关锁国政策的时期，严格禁止民间与外人接触，"推动这个新的王朝实行这种政策的更主要的原因，是它害怕外国人会支持很多的中国人在中国被鞑靼人征服以后大约最初半个世纪里所怀抱的不满情绪。由于这种原因,外国人才被禁止同中国人有任何来往"[1]。因此，东印度公司在中国民人中招募股份是不可能的。

第二，东印度公司的总部和董事会设在伦敦，它在广东的商馆只是派驻中国的一个管理机构。最初，管理职能由公司的商船大班充任，"从 1770 年起，公司的大班就不再派回与他们特别有利害关系的那些船上，却让他们自己组成一个单独的团体，年复一年地留驻中国。平常大约有十二个大班，并且逐渐有了这样一种惯例，即由三四个资格老的职员组成一个主任和监管委员会——被散商们讽刺地叫作'监委'——

[1] 马克思:《中国革命与欧洲革命》,见《马克思恩格斯选集》(第二卷),人民出版社，1972 年，第 6—7 页。

充任公司在中国的管理机关，执行伦敦董事会的指示”[1]。东印度公司广州商馆只是一个管理和执行机构，它不负责公司股金的筹措、股息和红利的分派以及公司重大事项的决策，因而也就不具备募股的职能。

可以说，东印度公司的特许性质和广州商馆的工作职能决定了它不可能将西方的股份制介绍进中国。

第三是专营东印度公司以外的港脚商在中国的委托代理业务的代理行号。港脚贸易是指印度、东印度群岛同中国之间的贸易，其词义来源已不清楚。最初，东印度公司曾试图自行组织港脚贸易，经过几次失败的尝试之后，公司就决定将它交给公司以外的英印散商去做。至 18 世纪末，港脚贸易已成为散商的一统天下，港脚贸易也成为散商贸易的代名词。所以，鸦片战争前侵入中国的代理行号实际上是代理散商在中国的委托业务。

代理业务起源于东印度公司为维持自身的垄断地位而对散商实施的种种限制措施。东印度公司向英印散商颁发营业许可证，允许他们从事印中贸易，但不

[1] 〔英〕格林堡:《鸦片战争前中英通商史》，康成译，商务印书馆，1961 年，第 16 页。

许他们直接与中国人贸易。并规定港脚商不得在广州或澳门长期停留，一般只能停留到每一季度的最末一班船离开为止。由于贸易和运输条件的限制，以及中国行商资金的匮乏，一个贸易过程在一个季度内一般是难以完成的。港脚商不能指望在一个季度内使货物脱手并换回现金。他们必须办理委托业务。

按照规定，委托业务必须交给东印度公司驻广州商馆的大班代理，然后领取公司开出的在伦敦或孟买兑付的汇票。这种做法对东印度公司很有利，有利于它解决在中国购买茶叶的资金不足问题。因为东印度公司需要大量从中国购买生丝、茶叶等商品，却没有太多的商品同中国交换，因此需要向中国运送大量现金。散商贸易后所得的资金无疑极有利于解决这一矛盾。然而，散商并不喜欢这种做法。因为，东印度公司的投资规模十分固定，港脚贸易却处于不断膨胀中，“即使在19世纪初叶，监理委员会通常所能接受的也只是散商交来款项的一半左右”[1]，剩余款项的支付周期会变得十分漫长，或不得不寻找其他变通方法。这

[1]〔英〕格林堡：《鸦片战争前中英通商史》，康成译，商务印书馆，1961年，第143页。

不但影响了下一个贸易过程的进行，还不得不冒违反清政府禁令的风险。东印度公司在欧洲的资金周转还常常发生困难，这时它就只能开出几笔伦敦汇票。

东印度公司为了维持同清政府的关系，还常常拒绝印籍英国臣民委托业务的请求和收回中国行商所欠债款的要求，反而说保护中国人不受印籍祆教人的鬼蜮伎俩的欺哄倒是我们的责任。委托东印度公司经营还使散商无法亲自就货价讨价还价，无法了解中国市场行情的变化。因此，散商总是千方百计摆脱监理委员会的控制，寻找种种借口延长在广州的停留时间。

1779 年，苏格兰人约翰·里德（John Reid）带着奥地利皇帝派为领事和奥地利商馆主持人的委任令来到广州。由于里德已不再是英国臣民，东印度公司受英王特许管制英国臣民的一切禁令就不再有效。他因此可以在广州自由行事，包括任意延长逗留时间。这对他在中国贸易活动极为有利。其他散商见状纷起仿效。1787 年，冒充普鲁士国籍的英国行号柯克斯·比尔行创办起来。1813 年，由拜令行演变而来的冒充葡萄牙人的达卫森行成立。从此，由英国散商经营的代理行号不断出现。除此之外，活跃在广州的还有美国的代理行号，如由美国海盗商人苏梅尔·罗素(Samuel Russell)创办的老旗昌行，以及通常被称作“同孚洋行”的美商奥里芬洋行等。至1833年东印度公司宣布废除对华贸易的垄断时，广州已有行号66家。

这些代理行号大都叫作公司。例如，怡和洋行的英文名称是 Jardine，Matheson & Co.，宝顺洋行的英文名称是 Dent & Co.，老旗昌洋行的英文名称则是 S.Russel & Co.。这些行号虽然都叫作公司，但在组织形式、管理方式和资金筹措上并不实行股份制，而是实行合伙制。严格意义上，这些公司应当叫作私人公司（private company），或封闭式公司（closed company）。通常这类公司参与合伙的人很少，并且经常变动。这大都能从行号的变化上显示出来。例如，怡和洋行最初叫作柯克斯·里德行，以后先后改组为比尔·里德行（Beale Reid & Co.）、汉弥尔顿·里德行（Hamilton Reid & Co.）、比尔·麦尼克行（Beale Maginiac & Co.）、麦尼克行（Maginiac & Co.）等，最终在1832年改组为渣甸·马地臣行。

合伙者之间大都具有血缘关系，“英国东方贸易扩张中的一个显著特征，就是它大部分是由家族或宗族集团来开拓的。……在大的东印度行家的合伙人之中，苏格兰人是占优势的。经营港脚贸易的较小的‘英国散商’也同样是英国北部人”[1]。这一特征明显地在大多数散商的代理行号上显示出来，最典型的代表就是怡和洋行。怡和洋行的两个最初合伙人渣甸和马地臣分别为英国北部的苏格兰顿弗里郡人和萨色兰郡人，在其后 100 余年的发展中，怡和洋行的合伙人均为渣甸和马地臣家族的子侄和甥婿辈及其后代。

这些私人公司为什么要利用血缘和地缘关系来整合经济组织呢？这在资本主义生产方式已经获得发展的 18 世纪似乎是一个奇怪的现象。这种奇怪现象背后必定有值得探究的原因。

第一，我们可以从历史遗迹中发现的原因是在政府的管制方面。这就是英国法律禁止成立新的合股公司。英国的股份经济最早是以合股公司的形式出现的，以后逐渐演化，发展完善，成为近代意义上的股份公司。在英国合股公司发展的过程中，1720 年发生了南海泡沫危机，引起了经济界的极大恐慌和公众的极大

[1] 〔英〕格林堡：《鸦片战争前中英通商史》，康成译，商务印书馆，1961 年，第 34—35 页。

愤慨。英国议会不得不于当年匆匆通过了所谓“泡沫法”，这是英国历史上关于股份公司制度的最早立法。这个法律规定“除非经议会的私有法或国王特准”，“禁止成立新的合股公司”[1]，这一立法直到1825年才被废除。由于受到英国法律的限制，那些早在18世纪末19世纪初就进入中国的英国洋行便不能采取股份公司的形式组织和募集资本，不得不转而向家族内部集合资本的方向发展。

第二，从经济理论的角度考虑，这是保证贸易安全的需要。散商主要是在远离本土的东方国家进行侵略贸易活动，东方的一切对散商来说都是陌生的。贸易中潜在的危险随处可在，并且无法预见。尤其是在中国进行的贸易大都属于非法的侵略贸易活动——走私和进口鸦片等违禁品，贸易随时都可能陷入灭顶之灾，赔光输净。为了最大限度地降低风险，保证赢利，必须谋求最可靠的贸易伙伴。这样，依靠血缘关系联系起来的家族成员无疑是最佳的合伙人选，“对于参加中国贸易的撒克逊血统的人来说，血统关系也是一

[1]〔英〕W. H. B. 考特:《简明英国经济史》，方廷钰、吴良健译，商务印书馆，1992年，第96页。

种团结的力量”，密切的亲属纽带可以产生“强烈的亲密忠诚关系和责任感”[1]。由此，许多代理行不仅是依靠血缘关系的纽带组织起来的，有的甚至在合伙契约上明文规定合伙人必须是亲属。如1842年，怡和洋行重新草拟合伙契约时就规定，企业的经营者应该交与威廉·渣甸和詹姆士·马地臣的近亲[2]。

第三，代理业务的性质决定了代理行不需要太多的资金。代理行代理的港脚贸易是一种输入生意，“主要充当伦敦或印度商人在中国的代理人，从商人那里收到托付的货物，代为销售，抽取佣金”[3]。美国代理行则主要是“代表美国或欧洲的委托人在中国从事购销业务”[4]。对于代理行来说，“流动资金的供给并不是很大的问题。只要他们纯粹经营代理业务，它们不需

[1] 〔美〕郝延平：《中国近代商业革命》，陈潮、陈任译，上海人民出版社，1991年，第25页。

[2] 〔美〕格林堡：《鸦片战争前中英通商史》，康成译，商务印书馆，1961年，第35页。

[3] 〔美〕郝延平：《中国近代商业革命》，陈潮、陈任译，上海人民出版社，1991年，第25页。

[4] 〔美〕刘广京：《英美航运势力在华的竞争》，邱锡荣、曹铁珊译，上海社会科学院出版社，1988年，第4页。

要很多资金，因为它是凭借发货人的资本来经营的"[1]。有时代理行也代理输出生意，这同样不需要太多的资金，"它只需要筹集足够的资金为远方的委托人预付在中国购买茶叶与生丝的贷款就行了"[2]。因此，代理行的规模都不太大，资本金都不太多。以美国旗昌洋行为例，这是一家美国在华老牌洋行，其前身老旗昌早在 1818 年就已进入中国。19 世纪 70 年代以前它是美国在华最大的洋行，但它的资本通常只有十几到几十万美元，"即使在业务发展的最高峰时的 19 世纪 50 年代，它的合伙资本总额也不过 50 万美元"[3]。这与它动辄贷入数十万资金相比，无疑是一个数额极小的本金。小规模的资金意味着这是一个或两个家族可以筹集的资金数额，不需要公开向社会募集资本即可满足贸易的需求。这正是代理行的家族纽带赖以存在的经济基础。

[1] 〔美〕格林堡：《鸦片战争前中英通商史》，康成译，商务印书馆，1961 年，第 133 页。

[2] 〔美〕刘广京：《英美航运势力在华的竞争》，邱锡荣、曹铁珊译，上海社会科学院出版社，1988 年，第 4 页。

[3] 〔美〕刘广京：《英美航运势力在华的竞争》，邱锡荣、曹铁珊译，上海社会科学院出版社，1988 年，第 4 页。

散商私人公司的合伙形式有一个发展过程。最初港脚商只是合伙购买船只来往于中国和印度之间。办理委托业务的营运资金还是自有的，各自经营，自负盈亏。如渣甸在创办怡和洋行之前就曾与伦敦富商、老南海公司老板托马斯·威汀、孟买的大鸦片商弗拉姆吉·科瓦斯吉合伙买了一条商船“萨拉号”，专门进行鸦片走私贸易[1]。随着时间的推移，港脚商们逐渐认识到，“合伙比单干有优越性，因为在发生死亡的情况下，行号不会因而结束——这在距离辽远和交通不便的情况下是很值得考虑的问题”。“由于不必依靠一个人的生命而取得的更大信用，将会使你的朋友做成大的生意。”合伙的好处还在于，合伙人可以常常变换，但行号是不解散的，“留下的合伙人被允许享有行号的财源和所树立的信用利益，行号变成了一种世袭的事业，一个商业的皇朝”[2]。随着资本积累规模的扩大，合伙购买船只逐渐演变成合伙组织代理行。仍以渣甸

[1] 陈宁生、张学仁:《香港与怡和洋行——历史的回顾及有关怡和洋行译文两种》，武汉大学出版社，1986年，第5页。

[2] 〔美〕格林堡:《鸦片战争前中英通商史》，康成译，商务印书馆，1961年，第133—134页。

为例，他在合伙购买船只的鸦片走私活动中积累了大量资本，于1826年成为麦尼克公司的合伙人，并终于在1832年与同样在鸦片走私中积累了大量资本的马地臣合伙组成“渣甸·马地臣公司”，中文名称为“怡和洋行”。

组成合伙公司前，合伙人一般都要签订一个合伙契约，规定合伙期间必须共同遵守的一些准则。首先是规定合伙期限。各公司的合伙期限长短不一，最短的只有三年，如旗昌洋行[1]；最长的可达二十年，如太古洋行[2]。但大部分合伙公司的合伙期限通常为5年左右。合伙期满，需要续订合伙契约。如果重要合伙人退出而需要更改行名，也需要重订契约。合伙契约还规定经营方针和经营品种。19世纪20年代伊里萨里行的合伙契约规定：“合伙人（伊里萨里和詹姆士·马地臣）的意图是专心经营代理业务，不过并不排除在当地做些安全的投机生意，但是往别处去做冒险生意

[1] 斯塔克波罗：《普来斯考特与鸦片飞剪船》，转引自聂宝璋《十九世纪在华洋行势力的扩张与暴力掠夺》，载宁靖编《鸦片战争史论文专集续编》，人民出版社，1984年，第14页。

[2] 张仲礼、陈曾年、姚欣荣：《太古集团在旧中国》，上海人民出版社，1991年，第42—43页。

则被认为是营业方针的例外，而不是它分内的事。”[1]旗昌洋行的前身普金斯行则曾在合伙协议中规定禁止其成员从事鸦片贸易[2],这主要是虑及美国国内新教传教士的反对和洋行自身赢利的需要。必须指出的是，禁止从事鸦片贸易只是个别的、暂时的现象，相反，美商洋行参与走私鸦片的规模是持久而庞大的。

至迟在18世纪末，洋行合伙人的入伙资金不再分开各自经营，而是组成一个共同账户，共同使用，统一运营。利润也登入共同账户按年、按比例分派。但合伙人往往将利润再投入生意中去生利。为了当年各自的用度，每个合伙人可以提取一定的款项用于个人消费，但不得超过一定的限度，以保证公司资本的运营。

每个合伙人在合伙期间都保持一本单独的资本账，在合伙期满或者永远离开中国的时候可以拆账，带走属于他们的资本和利润。洋行一般不会因合伙人

---

[1] 〔美〕格林堡:《鸦片战争前中英通商史》，康成译，商务印书馆，1961年，第135页。

[2] 〔美〕郝延平:《中国近代商业革命》，陈潮、陈任译，上海人民出版社，1991年，第33页。

拆伙而感到资金困难，因为总是有源源不断的新的合伙人加入进来。有的是行号内部的职员，因资本积累到一定程度,投资入伙而成为合伙人。例如,被称为“老赖特”的渣甸·马地臣行的老资格合伙人亨利·赖特，在1826年进入麦尼克行，但仅任职员，从事一般的经营工作,1829年才成为合伙人[1]。有的则是家族新成长起来的一代进入公司，成为新的合伙人。

散商代理行的组织方式虽然仅仅进化到较为原始形态的私人公司形态，但在近代中国公司制度的形成和发展过程中却具有重要作用。在经营代理业务期间，代理商要频繁地与中国商人打交道。久而久之，某个代理行就与某个中国行商形成了比较固定的经营关系，彼此之间保持着比较稳固的贸易关系和比较高的信任关系。如旗昌洋行与伍浩官，二者不仅保持了多年的对手贸易关系，伍浩官还在旗昌长年保持20万—30万元的活期存款，必要时伍浩官还可提供20万元的资金以解燃眉之急。这对于旗昌洋行的资金周转，

[1] 陈宁生、张学仁:《香港与怡和洋行——历史的回顾及有关怡和洋行译文两种》，武汉大学出版社，1986年，第86页。

以及业务运转都发挥了极大的支持作用[1]。这种密切的贸易关系加深了双方的相互了解，为鸦片战争后代理行与中国商人合伙贸易奠定了基础。正是这类外商经济组织，在鸦片战争后环境和条件变化带来的压力下，最先大规模向华商募股组建股份公司，从而搭起了股份公司制度进入中国的桥梁。

[1] 〔美〕刘广京:《英美航运势力在华的竞争》，邱锡荣、曹铁珊译，上海社会科学院出版社，1988 年，第 9 页注 1。

第三章　鸦片战争后代理行与华商资本的结合及股份公司的出现

1842 年，鸦片战争以清政府签订屈辱的《南京条约》宣告结束。以散商为代表的英国资产阶级“自由商人”热烈欢呼他们的胜利，欢庆代理行发展的黄金时代即将到来。然而，历史的进展远非代理商们所预料的那样。

一、鸦片战争后代理行的衰落与寻求新发展的努力

19 世纪 40 年代中叶以后，代理业务也越来越难

开展，市场越来越小。旗昌洋行合伙人金能亨在1861年写道："我想我们正不觉落入一场大变革中。……我看到我们所有的业务都已失去，我环视周围，寻找谁还有那些业务。琼记没有，其它任何一家洋行也都没有代理业务。各方都正依靠自己去经营……业务变得如此复杂，使代理人难以胜任。"[1]在变化了的形势面前，代理行在中国的生存发生了危机。

代理行生存危机的发生，粗看起来似乎是客户流失的危机，其根源应当是公司经营方式和经营理念的问题。但如果进一步追问，则可以发现，这种危机是世界范围的大的经济转折、科技进步以及西方资本主义在华经济格局变化的结果。

鸦片战争后，被胜利冲昏了头脑的西方商人蜂拥进入中国，甚至许多不是商人的海盗也争相涌入。人人都想在中国大捞一把，在这个东方白银王国发一笔横财。在华洋行和外商数量急剧增加。据统计，洋行由战前的150余家增加到1855年的219家。在华外

[1] 福士卷宗，1861年6月4日致福士，见郝延平《中国近代商业革命》，上海人民出版社，1991年，第259页。

商由1837年的307人，激增至1855年的1038人[1]，不到20年的光景，竟然增加了两倍半之多。

新的洋行也不断设立。但这一时期的洋行，本质上依然是代理行的延续。大多数仍从事代理业务，靠收取佣金维持运营。然而，西方对华贸易并没有像西方商人希望的那样迅速增加。开埠后，输华英货曾在一个短暂的时期内呈现猛烈增长的状况，从1846年起，英国输华商品量开始减少，一直到1855年的10年间，除1851年、1852年两年外，始终没有达到1845年的水平。美国对华商品输出也呈现了与英货相同的停滞不前甚至减少的状况。这种增加不算太多的贸易额，由增加过多的洋行来分享，显然是僧多粥少，要获取巨大的利润是不可能的。“对华贸易的盈利，过去本来是由为数不多的几家公司享有的，现已被分散到许多公司手中。商业大王的时代已成为过去的梦想。”[2]

19世纪五六十年代发生的世界范围的第二次科技

---

[1] 〔英〕马士:《中华帝国对外关系史》(第一卷)，张汇文译，上海书店，2000年，第389—390页。

[2] 聂宝璋编:《中国近代航运史资料》(第一辑上册)，上海人民出版社，1983年，第239页。

革命，对推进贸易方式的转变起到了催化剂的加速作用。科技革命对东西方贸易的重要影响首先发生在运输工具的革命上。鸦片战争前西方对外贸易的运输工具主要是飞剪船也就是木质帆船的天下。虽然轮船早已发明，并已在 1809 年首先在美国投入航运，但处于稚嫩状态的轮船的载重量，远不及已经历几百年发展而达巅峰状态的帆船载的重量，因而轮船一时还无法取代帆船，帆船仍然是航运的主力军。

19 世纪中期以后，随着轮船性能的不断改进，帆船被淘汰的速度不断加快。1842 年，英国轮船“魔女号”（Medusa）驶入上海港，这是最早进入上海港的外国轮船。随着进出中国水域的外商轮船不断增多，组建轮船公司被提上议事日程。1848 年，怡和洋行与香港的一些外商合作组建了香港广州轮船公司，定期在香港广州间航行，从英国在中国的殖民地香港通往中国内地的贸易变得更加有保障。1845 年 9 月，取得了皇家特许状在东方航行的大英火轮公司将它的“玛丽·伍德夫人号”（Lady Mary Wood）轮船开到香港，从此开始了英国南安普敦和香港之间每月往来一次的航行，英国货物可以不必经过中转而直达中国。同时，这又是西方资本主义国家在欧洲和中国之间开设的第一条航线，在便利英国商人的同时也便利了其他欧洲国家的商人。大英火轮公司在中国沿海的航行，引起了英、美、俄等其他侵华势力的仿效。至19世纪60年代初，中国沿海至少有30只左右的外商轮船在航行。

轮船加入航运，大大缩短了欧洲中国之间航行的时间。“纽约到广州仅用九十天的快速航行纪录已经成为历史了。大英火轮公司的轮船从伦敦开到香港只用六十天的时间，若从纽约起航，也只要再加上十五—二十天就够了。”[1]

此外，运输航线也缩短了。19世纪60年代以前，西方人到东方来须绕道南非好望角。这无疑是代理业务发生的最重要基础。漫长的交易过程，使得贸易委托人无法迅速与买方接洽而完成交易。为了保证贸易的成功，委托代理行办理业务是不可或缺的。19世纪三四十年代以后，在东西贸易之间出现了一条叫作“苏

[1] 聂宝璋编:《中国近代航运史资料》(第一辑上册)，上海人民出版社，1983年，第224页。

伊士旱道”或“苏伊士地峡通道”[1]的连接欧亚大陆的捷径，“朴鼎查爵士在1841年乘轮船到中国，麻恭少校在1842年乘轮船携带《南京条约》到英国去，两人都是取道苏伊士运河横跨大陆路线，这两件事都被认为是有特别重要性的。在1845年，大英火轮公司为从扫桑波敦（Southanpton）到香港的每月快班船采取了这条航线”[2]。这条旱道将绕过好望角的航程大大缩短了。1869年，苏伊士运河通航又使这条航线变得更加便捷省时。东西间的路程似乎在一刹那间拉近了许多。

通信工具也发生了革命。电报发明于18世纪中期，但其真正具有实际使用价值是19世纪30年代以后的事。1844年，美国出现了世界上第一条架空电报线路，此后，由于军事和商用价值的显现，电报的发展非常迅速。“六十年代初期，和远东的电报联系有了进展。”[3]1871年，上海至香港、香港至伦敦的海底

[1] 聂宝璋编:《中国近代航运史资料》(第一辑上册)，上海人民出版社，1983年，第229、234页。

[2] 〔英〕马士:《中华帝国对外关系史》(第一卷)，张汇文译，上海书店，2000年，第386页。

[3] 聂宝璋编:《中国近代航运史资料》(第一辑上册)，上海人民出版社，1983年，第225页。

电缆接通，东西方之间的信息交流成为瞬息可至的事。

轮船、电报的使用和苏伊士运河的开通对贸易的影响是革命性的。轮船加入航运，一方面是运输时间的缩短，“对市场的买进卖出都产生了影响”，“随着运输时间的缩短，外国商人与中国茶商能够直接取得联系”；另一方面，轮船把“交换情报所需的关键时间……大大缩短了”[4]。苏伊士运河的通航和亚欧间电报的接通无疑更加剧了这种趋向，使得西方商人可以在最短的时间内了解中国市场行情的变化，并在最短的时间内把货物运进运出中国。所有这一切都极大地改变着中国和世界贸易的方式，外商对华直接投资贸易由于具备了技术条件而成为可能。

然而，上述两方面的变化，充其量是事物发展变化的充分条件，而不是必要条件，投资市场的国内逆转才是对代理行发展的最致命一击。19世纪60年代，西方资本主义经济在经历了50至60年代自由资本主义的经济繁荣之后，进入了一个新的阶段。西方各国的投资市场呈现饱和状态，经济过剩危机不断爆发，

---

[4] 聂宝璋编：《中国近代航运史资料》（第一辑上册），上海人民出版社，1983年，第224—225页。

投资回报率急剧下降。这一切，使得西方资产阶级除了急欲开拓更大的海外市场外，越来越倾向于直接从事贸易贩运。旗昌洋行主要投资人福士后来在回忆录中谈到这种情况时说："在美国的许多重要委托人，如波士顿的威廉·阿普尔顿、纽约的斯沃尔兹，这些原先经营对华贸易的主要人物或是病故、或是脱离商业，而接替他们的新人，则把业务搞得分散了。英国委托人也是这样，他们的利润资金来自贸易顺差的盈余，一向以此支付从美国购进的大部分商品。这时他们开始觉察到，同样可以将这项盈余用货物的形式运往美国以换取美元。他们热衷于装运货物去纽约，这样便不仅分散了原来的代理商业务，还把生意做得过大，从而使业务受到损失。"[1] 福士是站在代理商的立场对直接贸易进行了抱怨，但这也从反面清楚地说明，跨过代理行的直接投资趋向的发展，导致传统的代理业务衰落了。

面临生存危机的代理行必须寻求新的发展途径，否则必将被淘汰。1856 年 10 月 5 日，金能亨在写给

[1] 《福士回忆录》(修订本·第一版)，第 360—361 页，转引自刘广京《英美航运势力在华的竞争》，上海社会科学院出版社，1988 年，第 5 页。

旗昌洋行主要负责人 P.S. 福士的一封信中建议："旗昌洋行应当考虑开展新的业务，如为英国曼彻斯特的厂商在中国推销棉织品，同时在茶叶与生丝方面，不妨冒一些风险，用洋行的自有资金运几批货色去美国试销：'总之，我们必须赶上时代。'"[1] 资财雄厚的大洋行开始主动转变经营方针。怡和洋行自 60 年代开始将航运、保险、汇兑等过去的从属业务项目放到更重要的地位[2]。琼记洋行发现"辅助性业务反而更赚钱"，搞银行业务，搞保险及贸易，"无一项不是生财之道"[3]。但是，对大多数中小代理行来说，自营贸易并非易事。如前所述，代理行大多财力有限，"他们的资本只够一年冒两三船的风险"[4]，根本不敷自营贸易之需。

摆在代理行面前的是一个两难选择：要么固守旧

[1] 1856 年 10 月 5 日金能亨致 P. S. 福士函，P. S. 福士藏件，转引自刘广京《英美航运势力在华的竞争》，上海社会科学院出版社，1988 年，第 5 页。

[2] 聂宝璋编:《中国近代航运史资料》(第一辑上册)，上海人民出版社，1983 年，第 279 页。

[3] 聂宝璋编:《中国近代航运史资料》(第一辑上册)，上海人民出版社，1983 年，第 248 页。

[4] 〔美〕郝延平:《中国近代商业革命》，陈潮、陈任译，上海人民出版社，1991 年，第 259 页。

业，但面临败亡；要么改弦更张，但资金短缺。大多数代理行选择了后者，但必须寻找获取足够资金的新途径。

在寻求新的资金来源途径的过程中，代理行首先想到的是他们运用已久、驾轻就熟的中外商人合伙经营。根据格林堡的记载，洋商与华商的合伙经营最早可以追溯到19世纪初，“1806年11月，比尔和麦尼克租了‘安娜·菲利克斯号’船，大概是悬挂西班牙旗，同一个住在广州的泉州商人合伙装载一船印度原棉到厦门，‘这个泉州商人指望在他的一个（住在厦门的）亲戚经营之下，这会是一笔很有赚头的买卖’”[1]。后来由于厦门官员的限制，这笔买卖没有做成。虽然如此，但这至少说明，早在19世纪初西方商人就已知道依靠华商来解决资金不足了，并已建立了比较密切的关系。

鸦片战争前中外商人合伙经营规模最大、持续时间最长的是有着多年对手贸易关系的旗昌洋行和伍浩官怡和洋行。“浩官和旗昌行东常常共同从事中国与

[1] 伊里萨里行《函稿》，转引自格林堡《鸦片战争前中英通商史》，商务印书馆，1961年，第44页。

欧洲间的贸易。1833 年 12 月，浩官开始他的一项最大的冒险活动，他租雇一艘 200 吨的普鲁士‘服务公主’号，以每吨 40 元的运费将货物运往汉堡。他以四分之一的贸易份额提供给顾新（旗昌合伙人），后者将以其名义发运货物，并提供为数 5 万元的保险。1840 年 3 月，浩官和顾新就茶叶运往英国达成协议。……将浩官和旗昌结合在一起的最重要的因素是浩官委派后者作为他在海外贸易的代理人。这一安排对双方都有好处。一方面，浩官得益于洋行擅长国际贸易，而且它能够进行海外贸易而不受中国官员查究和勒索。另一方面，旗昌行东则接受浩官相当可观的佣金。”[1]显然，这一时期旗昌与浩官的合伙经营还不是基于资金的不足，而是为了赢利和充分利用双方之长，这与后来洋商与华商的奠基于资本合作的合伙有本质的不同。但这一时期双方的合作无疑加深了彼此的信任，培养了共同的经营理念，这为后来基于资金原因的合伙经营奠定了基础。

鸦片战争后，洋商与华商的合伙经营继续存在。

---

[1] 〔美〕郝延平：《中国近代商业革命》，陈潮、陈任译，上海人民出版社，1991 年，第 240—241 页。

19世纪60年代以后，随着代理行经营方针的改变，合伙经营的规模日趋扩大。不仅资金匮乏的小洋行需要华商资金上的挹注，就是怡和、旗昌、同孚、琼记等大洋行也几乎都采用过与华商合伙经营的贸易方式。经营范围从由印度向中国贩运鸦片，到从中国向欧美、日本贩运生丝、茶叶等，以及中国沿海的大豆、豆油、食糖、棉布等南北货的互运，几乎无所不包[1]。

但是，合伙贸易有一个致命弱点，即它不适宜于需要巨额资金的、比较稳定的企业化经营。在以往的合伙过程中，合伙对象只是某一两个商号或几个商人，合伙的性质是临时性的。一般只适用于一次生意，贸易结束就结算盈亏，分摊盈余或债务，合伙随之结束。下次贸易开始，则重新商定合伙条件，就合伙的资本规模、经营的品种、分担的份额以及赢利分配的比例达成协议，新一轮合作开始。这种合伙经营的好处是显而易见的，一方面，它为短期闲置的多余资金找到了生利的出路，使洋商或华商的多余资金不至搁置；另一方面，它又分担了风险，当风险到来时，由于实

[1] 〔美〕郝延平：《中国近代商业革命》，陈潮、陈任译，上海人民出版社，1991年，第243—265页。

行按比例分摊盈亏的原则，每个合伙人都不会因此亏损太大。但是，这种经营方式的缺陷也是显而易见的，即凭借一两个乃至三四个商人或商行的财力很难筹集到数额巨大的资金。

二、外商在华商中的募股活动和股份公司的出现

19 世纪中叶以后，随着工业革命的完成和科学技术的进步，轮运、铁路、电报、纺织等资产规模越来越大、科技含量越来越高的行业和企业不断涌现，耗资巨大的产业已成为西方经济发展的新增长点，也成为西方资本主义窥伺中国市场、掠夺中国资源的新目标。但合伙制显然不适应新的侵略目的的需要，代理行要扭转颓势、实现效益最大化，必须在这些领域谋求发展，同时实现资金筹措的制度更新。

港脚商们对股份制并不陌生。早在鸦片战争前，在他们以合伙的方式组成代理行的同时，也以股份制的方式经营那些相对稳定的附属企业。

保险业是这方面的一个典型例证。虽然英国议会于 1720 年通过的“泡沫法”禁止成立新的合股公司，

但随着时间的推移，议会开始“允许在某些领域内，如保险业中发展数量可观的公司”[1]。股份制的保险公司因此得以发展，并被散商带到了中国。

1801 年，广州还没有任何公开的保险机构，为了规避风险，一些在华外商临时组织起来承保船只及其货载。1805 年，广州保险社（Canton Insurance Co.）成立，这是迄今为止所知中国境内出现最早的保险机构，也是除东印度公司外最早出现在中国土地上的股份制企业。这个保险社由达卫森・颠地洋行和比尔・麦尼克・渣甸洋行轮值经营，每行负责五年。无论哪个洋行经营，均采用股份制。这个企业有很多的股份，通常是 60 股，每一股一年可以分到三千至四千元的红利。1829 年，渣甸开办了一个不公开的保险行“查顿及友人号”，渣甸的行号拥有全部 36 股中的 20 股。保险行每年结算，每股分到红利约一千元[2]。

这些保险机构显然已经是不同于合伙制的股份制

[1] 〔英〕W. H. B. 考特:《简明英国经济史》，方廷钰、吴良健译，商务印书馆，1992 年，第 96 页。

[2] 〔英〕格林堡:《鸦片战争前中英通商史》，康成译，商务印书馆，1961 年，第 157—158 页。

组织，它的合作资金以等额股份的形式出现，而不再是合伙人平摊出资。红利的分配也不再是按比例分配，而是按股计算了。

保险又是最早吸收华商资本的行业。1835 年，英商宝顺洋行在澳门成立了于仁洋面保安行，“立即有许多中国商人认购它的股票。怡和步其后尘，1836 年在广州成立谏当保险行（Canton Insurance Office，其前身即广州保险社）。一些中国资本可能一开始就加入。无论如何，60 年代以后肯定有许多中国人成为它的股东”[1]。

保险业之于代理行，并不是它的主要业务，其收入也不占代理行收入的主要部分。但是，保险业实施的是有别于代理行合伙制的股份制，它的示范作用，以及成功经验的借鉴作用，对以后股份制发展的深远影响都是毋庸讳言的。

鸦片战争后，洋商与华商的合股很快扩展到其他领域，从轮船航运、船舶修造、银行保险，到加工修造、制糖纺棉、码头堆栈、房地产及公用事业，几乎

[1] 〔美〕郝延平：《中国近代商业革命》，陈潮、陈任译，上海人民出版社，1991 年，第 283 页。

都有华商附股存在，而且数额庞大。但是以股份公司的形式在华商中大量募集股份却是始自上海轮船公司（Shanghai Steam Navigation Company 俗称旗昌轮船公司）的创立。

在旗昌轮船公司成立之前，轮船航运业中已有华商附股。“五十年代中期，驶行广州河面的外国轮船中据说就有两家本地公司的投资。”[1] 1859 年，琼记洋行集资 10 万元购买了它的第一艘轮船“火箭号”（Fire Dart），准备航行上海至汉口线，已知从一开始就有两名华商投资认股，“阿庞（ Apoon），50 年代后期、60 年代初是上海该行买办，投资五千元；龚若同（音 Kong Yoe Tong），他经常与琼记做生意，认股一万元”[2]。进入 60 年代以后，轮船航运业中的华商附股逐渐多起来，但大多数仍以入股某一条船为主[3]。入股某一条船，类似鸦片战争前散商合伙买船做生意，不过这一

---

[1] Griffin：*Clippers and Consuls*，转引自汪敬虞《十九世纪西方资本主义对中国的经济侵略》，人民出版社，1983 年，第 483 页。

[2] 琼记卷宗，转引自郝延平《中国近代商业革命》，上海人民出版社，1991 年，第 267 页。

[3] 〔美〕郝延平：《中国近代商业革命》，陈潮、陈任译，上海人民出版社，1991 年，第 267—277 页。

时期共同投资的方式已由合伙上升到合股。虽然合股购船详细情况目前仍不太清楚，但至少有一点是可以肯定的，即获利的分配不会再像合伙那样是按比例分配，而是按股分配了。在这里，资本的作用更大了，利润的分配主要是以资本的大小为尺度，而不是像合伙制，人力的因素在利润的分配中仍占相当比重。

1862 年，当旗昌洋行酝酿成立轮船公司的时候，琼记洋行一对叫赫尔德的兄弟企图以“汽轮委托基金”的方式在华商中募股组建轮船公司。在这个公司中，“琼记洋行公开以主要股东身份出现，然而在他背后的大笔资金实际上是中国人的”。“投资者可以分享利润，但无权过问轮船的管理。”投资者可以得到“临时股份证”。但是，“汽轮委托基金”最终还是以失败告终。7 月，赫尔德不得不承认，“计划不易实现”。究其原因，主要是赫尔德兄弟的贪心太大所致，“既要把全部管理权抓在手，把一支庞大的舰队建立起来，又不要洋行进行大量投资；既要因为占有轮船而得到利润，又要因从事当地贸易而使佣金不断增加”[1]。

[1] 聂宝璋编:《中国近代航运史资料》(第一辑上册)，上海人民出版社，1983 年，第 269—271 页。

赫尔德兄弟并没有创造足够的条件来实现这样大的野心。他们只希望中国人投资，而不允许中国人参与管理。只投资而不参与管理，不失为一个有效的管理方式，但要实现这样的制度安排，投资双方必须有充分的信任度。在近代中国这个问题就显得更为突出，因为投资人是尚不十分互相了解的中外商人，“个人之间的关系即使在通商口岸的中国人当中也是十分重要的”[1]，否则华商没有理由把一大笔钱拿出来交给一些并不十分了解的人去冒险，而自身又无及时控制事态的权力。

更为致命的弱点是，“汽轮委托基金”虽然计划筹资 80 万两，购置 7 艘轮船，但仍然是放大了的合股制。艾伯特·赫尔德说：“我们希望增加轮船方面的资产，但不是完全占有一两条船，而是分散在许许多多条船，每一艘都有我们一份。”[2] 即每个投资人的股份不是以整个公司资产划分的等额股份计算，而是分别按船算

[1] 〔美〕刘广京：《英美航运势力在华的竞争》，邱锡荣、曹铁珊译，上海社会科学院出版社，1988 年，第 22 页。

[2] 聂宝璋编：《中国近代航运史资料》（第一辑上册），上海人民出版社，1983 年，第 270 页。

股，“委托基金”只不过起了将许多合了股的船统在一起的作用而已。这与华商当初投资的目的是不一致的，华商“热衷于成立一家公司。他们认为，把资金合并在一起比对个别船舶零散投资来得保险些”。在新兴的但是风险很大的轮船航运业的投资中，商人产生这种愿望是非常自然的，特别是当时的“轮船不断出事”[1]，就更加重了华商以大公司抵御风险的愿望。但是汽轮委托基金并没有满足华商这种规避风险的要求。

收益和风险是任何生意人在作出投资决策之前都必须考虑的两个基本问题。当风险过大，使得收益有零趋向或负趋向时，商人一般不会贸然涉足。对中国商人而言，这个特点更为突出。与外商相比，华商似乎多少缺少了一些冒险意识。这一方面与外商有侵略特权保护，而华商又多了官府勒索有关。另一方面也与中华民族几千年的儒家文化影响有关。儒家文化的重要概念之一就是中庸，追求适度。延及经商，则虽追求利润，但并不过分苛求。

就在汽轮委托基金紧锣密鼓、登场亮相的时候，

[1] 聂宝璋编:《中国近代航运史资料》(第一辑上册)，上海人民出版社，1983年，第269—271页。

老牌侵华美商旗昌洋行也在紧张筹备成立轮船公司。旗昌洋行的代理业务在鸦片战争后也跌入低谷，特别是在 19 世纪 50 年代以后更是急剧衰落。于是，旗昌洋行上海经理金能亨极力主张改变旗昌传统的业务方针。1861 年 1 月，金能亨对旗昌洋行的前途作了一番筹划，提出了一个新的经营方案，主张将该行的财力集中起来，在中国长江水域经营轮运业务。

此时恰恰是第二次鸦片战争结束后不久，西方侵略者刚刚通过《天津条约》获得了长江内河航运权。这一时期，由于太平天国农民战争的进行，长江上中国传统的木船贸易几乎中断。上海至汉口的运费就高得惊人，货运运价每吨高达 25 两，客位每人 75 两，往返一律。一条轮船往返一次的运费收入，即足敷船价成本[1]。金能亨提出经营长江轮运的方案，实际上是看中了长江航运的优厚利润，“他认为，只要有三艘轮船，就可以组成一家轮船公司。在上海—汉口之间的 600 英里航程上，每周定期行驶两次，……估计每年可获纯利 34.2 万美元”。金能亨企图通过开办轮船

[1] 徐润：《徐愚斋自叙年谱》，见《中国近代史资料丛刊·洋务运动》（第 8 册），上海人民出版社，2000 年，第 96 页。

公司使旗昌实现振衰起弱。同时他还有更大的野心，就是企图控制长江航运，他认为“旗昌洋行如果能够立即购买船只开办轮船公司，能在极短时期内取得长江航运的统治地位”[1]。

“但问题是，旗昌洋行怎样筹措这家轮船公司的资金呢？金能亨根据在上海获得的信息估计，购买三艘身长 300 英尺的明轮，总共需支付 48 万美元。”以当时旗昌自身的财力，根本无法支付这笔巨额的款项。因此，金能亨和旗昌洋行在中国地区的另一重要合伙人、香港经理沃伦·小德拉诺都认为应当采取个人认股的方式筹集资金[2]。尽管两人对经营轮船航运业的态度并不一致，但在向个人招股这一点上却出奇一致，这显然是资金困难迫使旗昌的合伙人不得不走这一步。

如前所述，旗昌洋行有着长期利用华商资金的历史和经验，早在鸦片战争前就已同伍浩官关系密切，并在资金上得到了伍浩官的支持。鸦片战争后，伍崇

[1] 〔美〕刘广京:《英美航运势力在华的竞争》，邱锡荣、曹铁珊译，上海社会科学院出版社，1988 年，第 8 页。

[2] 〔美〕刘广京:《英美航运势力在华的竞争》，邱锡荣、曹铁珊译，上海社会科学院出版社，1988 年，第 9—11 页。

曜入伙旗昌，由自挂牌号的行商成为旗昌的投资人[1]。第二次鸦片战争后，伍氏家族面临破产，不断从旗昌抽走资金，金能亨不得不转而依靠上海新兴的买办华商的支持。金能亨在筹建旗昌轮船公司过程中所说的所谓向个人招股，实际上就是要向所谓的“中国老朋友招募”。

为了劝诱华商入股，金能亨采取了许多吸引华商的措施：

其一，以一条船做示范，吸引华商入股。轮船运输对大多数中国商人来说还是一个新事物，轮运是否有厚利可图是投资者首要关心的问题。为了打消华商的疑虑，金能亨采取了实例示范的方法。他将“一艘可以赚钱的轮船从广州开到上海加以整修，并和中国友人合股经营，共享厚利。……后来金能亨说：‘我虽然自己承担风险，但没有独享利润，一俟轮船顺利航行，我就把所得利润分给中国人，为了争取他们参加到旗昌轮船公司这个更加宏伟的规划中来。’”[2]

---

[1] 徐珂:《清稗类钞》(第17册)，中华书局，1984年，第102—104页。

[2] 1865年10月10日金能亨致P. S. 福士函，转引自刘广京《英美航运势力在华的竞争》，上海社会科学院出版社，1988年，第24页。

其二，轮船公司的经营以便利华商为准。既然轮船公司未来的大多数股东是中国人，那么就应当考虑中国人的经商习惯、方便与否和赢利的需要。而在这一点上的疏忽，正是汽轮委托基金失败的重要原因之一。在汽轮委托基金成立时，曾有人建议赫尔德兄弟要在各个口岸备有货栈，要把购置保管货物的设施列入计划。但是，赫尔德对此嗤之以鼻。他认为，这样做会把洋行变成一个巨大的轮船转运和货物保管代理处，下降到代理商的地位。实际上，如果一个轮船公司没有自己的码头货栈，那就势必要额外付出码头租用费、货物保管费和存储费，这就增加了运营的成本，显然是不合算的。旗昌洋行为了引诱华商，充分注意了这一点，它不仅在沿江极佳地带购得地产，为日后在各口岸建立一个庞大的仓库体系奠定了基础，而且还在货栈的建设和制度规则上实施了两个特别明显的引诱华商的特殊措施：

一是沿江所购产业的地带均靠近华人商业区而不是租界。像金利源码头的地址就紧靠上海县城。显然，这是非常打动华商的举措之一。因为这在“本地发货人的心目中被看做是旗昌轮船公司的最大特色之一”[1]。不久即被证实“是旗昌轮船公司最吸引人的一个特点”[2]。

二是在1862年2月前后，在旗昌洋行发出的旗昌轮船公司倡议书中规定，旗昌轮船公司所属各仓库对公司的股东将给予按比例分红的优待条件，这样就可以减轻股东在埠际之间的贸易费用。“按照这一制度，各个股东除了支付仓库实际费用和运费外，别无其它开支。”[3]这是实际利益的引诱，显然会促使任何一个华商认真考虑投资轮运业务的可能性。

其三，在资产的所有权上，公司全部资本的所有权归全体股东所有。这是打动华商的最重要的理由之一。自私有制产生以来，资产所有权就是一个具有排他性的概念。属于某特定人员所有的资产，除非遭遇死亡、捐赠、报效以及暴力剥夺等情况，一般不容他人占有。资产拥有者通常视资产所有权如生命线，绝

---

[1] 《福士回忆录》，转引自刘广京《英美航运势力在华的竞争》，上海社会科学院出版社，1988年，第23页。

[2] 聂宝璋编:《中国近代航运史资料》(第一辑上册)，上海社会科学院出版社，1988年，第268页。

[3] 欧德藏件，转引自刘广京《英美航运势力在华的竞争》，上海社会科学院出版社，1988年，第25页。

不会轻易放弃。所以，拥有不同资产所有权的人们共同进行任何经济活动的前提就是必须明晰产权，充分尊重对方的资产所有权，以及由所有权带来的管理权、收益权、处置权和控制权等权力。否则，经济活动将无法进行下去。赫尔德兄弟筹建“汽轮委托基金”之所以失败，最重要的原因就是过大的贪心侵犯了投资者的所有权和所有权带来的管理权。“赫尔德打算取得美国、英国及中国委托人的资助，但是，控制权要掌握在洋行手中（指赫尔德兄弟所在的琼记洋行），洋行对外也要持船主名义。……琼记洋行公开以主要股东身份出现，然而在他背后的大笔资金实际上是中国的。对这些轮船，中国人虽说有一大笔投资，但是却没有管理权。”[1]

所有权与管理权的分离是自股份经济产生以后就随之产生的经济现象。对中国商人来说，这种分离并不陌生，在中国传统的经济成分中，特别是合伙经济中，早已存在所有权与管理权的分离，早已有店东与掌柜之分，有记名股东与匿名股东之分，各有其名分，

[1] 聂宝璋编：《中国近代航运史资料》（第一辑上册），上海社会科学院出版社，1988 年，第 269 页。

各有其职掌和权力。所以，对于放弃管理权，中国商人完全可以接受。然而，赫尔德兄弟不仅要掌握管理权，还要保持船主名义，并公开以主要股东身份出现，进而还要掌握控制权，将所有名分和权力集于一身，这显然侵害了华商投资者的利益。华商组成一家公司的初衷本来是规避经营风险、追求投资安全，然而依照赫尔德兄弟的意志，华商不仅要失去管理权，还要失去对公司的控制权，甚至连名义上的股东权也没有了，这就不是华商能够接受的了。

控制权是股东所有权的体现，失去了控制权实际上就是失去了产权中最主要的部分。自有股份经济以来，原则上就是掌握大多数股份的股东拥有企业的控制权，即使是在中国传统的旧式合伙经济中也是如此。19 世纪 60 年代，在股份制在欧洲各国获得普遍发展的时候，这也早已成为普遍公认和共同遵守的原则。但当赫尔德兄弟将股份制移植到中国时，却偏偏要违反这些公认的准则，这当然是行不通的，其失败也就是不可避免的。

金能亨显然比赫尔德兄弟高明一些。他在中国居住多年，对中国的社会和经济情况十分了解，很清楚资产权对华商投资者的重要性。为此，他在成立旗昌轮船公司的倡议书中规定，旗昌洋行只是旗昌轮船公司的经理人，经管并负责公司的日常事务。这一倡议在后来公司成立时通过的章程与结账契约第 10 款中得到了确认，“旗昌洋行是该公司的永久代理人和司库。它的职责是经管所有日常航运和仓库业务”[1]。在结账制度上也按照中国生意场的惯例，半年一结。至于公司的所有权则属于全体股东，主要通过以下两个方面体现出来：

第一，股东获得了具有所有权根据的可转让凭证，这是股东所有权的最重要体现。第二，在公司的运作上，股东大会具有作出重大决策和最终决策的权力。旗昌轮船公司章程和结账契约第 7、8 款规定：“建造和购买各类新的船只与增建基地；修缮费、扩建费与保险基金的提存，只有在股东大会上才有权决定。大会还要决定每年到 12 月 31 日止的半年度股息的发放事宜。”“在股东大会作出决定之后，由总经理和董事会负责对建造和定购新船的具体细节；对修缮旧船；

[1] 〔美〕刘广京：《英美航运势力在华的竞争》，邱锡荣、曹铁珊译，上海社会科学院出版社，1988 年，第 29 页。

对航线上各类船只的使用，在有利情况下对各类船只的调度作出决定。并可在一年的任何时候，向各代理人索取他们可能要行使监督权的任何一个问题上的详尽报告。”[1] 显然，以上事项，都是作为一家轮船公司在经营运作中所应决策的最基本的和最重要的问题，体现了投资者对企业资产的所有权。这些问题的最终决定权属于股东大会，说明股东拥有了对企业的控制权。股东大会是企业的最高权力机构，作为企业代理的旗昌洋行以及总经理和董事会都是股东意志和决策的执行者。这无疑极大地满足了华商对资产所有权的关怀，对华商投资其中具有极大的吸引力。

通过以上措施，旗昌洋行成功地争取到了大量投资者。1861 年 8 月，旗昌洋行已募齐原定 32 万元的认股规划。但是，“金能亨仍不满意，认为开拓业务的机会还没有充分运用。……金能亨找到了扩大业务规模的办法。照他自己的计划去办……在 1861 年 8 月至 1862 年 3 月这几个月中，他成功地进一步筹集到 100 万美元资金，……1862 年 3 月 27 日拥资 100

[1] 〔美〕刘广京:《英美航运势力在华的竞争》，邱锡荣、曹铁珊译，上海社会科学院出版社，1988 年，第 30 页。

万两（相当于 135.8 万美元）的旗昌轮船公司终于正式成立了”。在这 100 万两资金中，华商的投资占了绝大部分。曾任旗昌轮船公司早期职员并任船长的伯尔声称：“华商是这个企业的最大业主，旗昌洋行只拥有该公司‘不到三分之一的股权’”；“旗昌洋行成员和华商购了股份的大部分，也许在 60 万—70 万两之间。也有迹象表明华商认股数要大于洋行本身美籍成员的认股数。”[1] 至此，旗昌洋行终于完成了将企业经营“向前推进一步”的转变，并且由于大量华商资金的支持，在以后数年的发展中实现了对长江航运的统治。

三、旗昌轮船公司性质辨析

对于近代中国股份公司制度的发展来说，旗昌轮船公司的出现具有特别重要的意义，它显示了股份公司制度即将改变外商公司的制度形态，将对中国人的经济组织形式产生启发性的影响。那么，这究竟是一家什么性质的股份公司呢？

---

[1] 〔美〕刘广京：《英美航运势力在华的竞争》，邱锡荣、曹铁珊译，上海社会科学院出版社，1988 年，第 21、26 页。

1. 旗昌轮船公司的控制权掌握在旗昌洋行手中

英美等西方侵略势力早就垂涎中国丰富的内河航运资源和优厚的利润。鸦片战争后在侵入中国沿海水域的同时，还不断窥伺内河航运主权，并通过第二次鸦片战争获得了内河航运的条约根据。第二次鸦片战争结束不久，外国轮运势力就迫不及待地将侵略触角伸进长江。至旗昌轮船公司成立前后，上海已经有不下 20 家洋行在经营长江航运。但是，这些代理行由于财力所限，一般只经营一艘或两艘轮船。这显然远远满足不了侵略者的胃口，要实现更优厚的利润，必须实行更大的资本集中。正是基于这种目的，以及代理行内部改制的要求，旗昌洋行募股组建了旗昌轮船公司。应当说，以金能亨为代表的西方侵略势力组建股份制轮船公司的初始目的，并不是将股份公司这种先进的资本组织形式介绍给中国，或者让华商股东享有充分的作为企业资产所有者的权利。恰恰相反，金能亨等人的目的仅仅是利用华资，以达到控制中国轮运业和对外贸易的目的。

对于这一点，金能亨毫不掩饰，他在 1869 年 5 月 31 日给怡和洋行上海经理 F.B. 约翰逊的一封信中曾直言不讳地说："如果在中国轮船运输业中真有什么斗争的话，过去也好，将来也好，这种斗争绝不是存在于不同的外国人之间，而是存在于外国人和中国人之间。如果我们之间的竞争妨害了外商经营，那么生意必将落到中国人手中，而一旦落到他们手中，那还有什么保障和效益可言呢。"[1] 虽然旗昌轮船公司在酝酿成立时作了许多有利于华商股东的规定，但这些都仅仅是吸引华商入股的官样文章而已，旗昌洋行通过控制入股的买办华商、董事会和经理，将企业的控制权牢牢地掌握在旗昌的美商手中。

在旗昌轮船公司的 100 万两发起资本中，旗昌洋行只"以商行名义象征性的认购少数股票"，"旗昌洋行成员甚至未能拥有 100 万两股票中的三分之一"。如此之少的股份，一般而言很难控制企业，金能亨之

[1] 怡和洋行档案，1869 年 5 月 31 日金能亨致 F.B. 约翰逊函，转引自刘广京《英美航运势力在华的竞争》，上海社会科学院出版社，1988 年，第 85 页。

所以能够控制企业，主要是通过控制追随其后的华商掌握的大多数股份，进而掌握企业的控制权。

根据1863—1864年旗昌股东大会的记录，在出席大会的华商股东中，至少有3人是旗昌洋行的买办，其余6人也多是上海的豪商巨富，根据汪敬虞先生的考证，其中不少人早已钻进买办圈子。“例如后来担任了旗昌轮船公司中买办的陈怡春（竹坪）在六十年代初就和怡和洋行发生了关系，经常做银钱投机生意。此外，他还经纪丝业，并且在上海汉口间经营大规模的货运业务。”[1] 也有的人是先做了旗昌轮船公司的股东，而后成为旗昌洋行的买办。例如陈舆昌，他是旗昌轮船公司成立时的认股人，自1865年起开始担任买办[2]。汪敬虞先生认为，“可以肯定，旗昌的华籍股东主要就是买办和出口商人这两种人物，而且往往是一人而兼具这两种身份”[3]。这些买办和经营进出口的

[1] 汪敬虞：《十九世纪西方资本主义对中国的经济侵略》，人民出版社，1983年，第485—486页。

[2] 〔美〕刘广京：《英美航运势力在华的竞争》，邱锡荣、曹铁珊译，上海社会科学院出版社，1988年，第23页注3。

[3] 汪敬虞：《十九世纪西方资本主义对中国的经济侵略》，人民出版社，1983年，第486页。

商人与外商有着千丝万缕的联系，沾染了不同程度的买办性。他们为了自身的生存和更多利润的赚取，以及为了躲避封建势力的束缚，往往追随外商，在企业重大问题的决策上对外商唯命是从。这样，旗昌洋行成员通过控制入股华商就拥有了 60%—70% 的股份，取得了控制企业的基本条件。就如金能亨后来在回忆录中所说："只要使股金保持原额，抓住能够予以控制的股份，在管理上差强人意，他们就可以从足够的华商追随者那里保证他们的永久地位。"[1]

通过控制华商，旗昌洋行进而控制了董事会。根据 1862—1874 年上海旗昌轮船公司高级职员名单，在每年董事会的 4—5 名成员中，总有 2—3 人是旗昌洋行的合伙人，而总经理总是由旗昌洋行成员担任。

由于控制了股东大会和董事会，旗昌洋行可以利用所拥有的大权左右其他入股外商的意志，并左右华商，按照自己的意志管理企业。可以看出，旗昌洋行的美商才是旗昌轮船公司的真正主人，而拥有大多数股份的华商不过是供旗昌洋行控制企业的工具而已。

---

[1] 《金能亨回忆录》，福士藏件，转引自刘广京《英美航运势力在华的竞争》，上海社会科学院出版社，1988 年，第 30 页。

2. 旗昌轮船公司是一家带有较多原始色彩的股份公司

关于旗昌轮船公司的性质，R.B. 福士在多年后的回忆录中写道："长江开放激起了人们在这条河流上进行航运的疯狂追逐……，旗昌洋行首先进入现场，他们组成了一个公司，但不具股份公司形式，由各股东自行负责……。"[1] 作为旗昌轮船公司主要创办人的金能亨在谈到公司的性质时则将其称为"私人合伙"，他的主要根据是"旗昌轮船公司一直未能组成公司或取得执照"[2]。两个人的话哪个更可靠呢？或曰更具可信性呢？

金能亨是旗昌轮船公司的主要创办人，其身份确信无疑，他的话应当具有一定的可信度。R.B. 福士则没有参与公司的创办，旗昌轮船公司创办期间他也不在中国。但 R.B. 福士是 1839—1844 年、1849—1854

[1] 《福士回忆录》，转引自刘广京《英美航运势力在华的竞争》，上海社会科学院出版社，1988 年，第 35 页。

[2] 美国国会《国会文件汇编》第一部分第 886 页，转引自刘广京《英美航运势力在华的竞争》，上海社会科学院出版社，1988 年，第 29 页注 4。

年期间旗昌洋行的合伙人，同时又是旗昌洋行的大股东或曰“主要负责人”P.S. 福士的堂兄弟。虽然在旗昌轮船公司成立前后，R.B. 福士已不是旗昌洋行的合伙人，但他同 P.S. 福士的另一位堂兄弟 J.M. 福士一道，积极参与了 P.S. 福士在美国为旗昌轮船公司购买船只的活动。P.S. 福士在旗昌轮船公司有 10 万两的投资，福士家族的另一成员 F.B. 福士也有认股。如此众多的家族成员参与旗昌洋行和旗昌轮船公司的经营活动，加之本人又曾为旗昌洋行的合伙人，R.B. 福士关于旗昌轮船公司性质的说法也不应忽视。那么，福士和金能亨的说法是否正确呢？或者二者谁的说法更准确一些呢？

对比福士和金能亨的说法可以看出，二者至少在一点上是相同的，即都认为旗昌轮船公司不具有公司的性质。但二者赖以得出结论的依据却不一样。

福士认为由于股东各负其责，因而旗昌轮船公司不能称为股份公司。显然，福士是抓住了问题的关键。股本是否成为共同资本，共同使用，利润和亏损是否按股平摊而不是由自然人负责，是近代意义上的股份公司制度与其他形式的资本合作制度的最重要的区别之一。如果福士的立论成立则旗昌轮船公司确实不能称为股份公司。然而，旗昌轮船公司并非由股东各负其责。

第一，旗昌轮船公司的管理制度不是各负其责。旗昌轮船公司从创立之日就建立了完备的股东大会制度，公司的重大事项均须经股东大会多数票决定。股东大会有权决定公司的业务范围、资金投放、新船舶的购置、设备的扩充及修理费、追加款项和保险金的储备额等；股东大会还有权决定增资和变更股票面额、分红比例以及董事会和查账人的选举确定等事项。公司还建立了完备的董事会和总经理制度，具体负责执行股东大会的决议。董事会有权决定购进和建造新船舶的细节，有权决定旧船的维修、船舶的调配、货运的转换等，还有权在必要的情况下召集股东开会。公司还自创立之日就明文规定旗昌洋行为公司的永久代理人和财务主管。公司组织章程和财产规章赋予股东大会、董事会和总经理以它的代理——旗昌洋行广泛的权力，凡关乎公司运转、生存和发展的重大事项，三个权力机构都有在权力范围作出决策并组织实施的权力。这样，每个股东作为个体要想干预公司的管理、各负其责，是不大可能的。

第二，旗昌轮船公司的账目管理制度不是各负其责。旗昌轮船公司的组织章程及财产规章规定，公司的账目由代理行——旗昌洋行管理，要本着对公司负责、搞好经营的原则，“做到进出账目清楚正确，每半年结账一次，即 12 月 31 日和 6 月 30 日，并上报赢利”[1]。这个制度显然是区别于洋行所执行的合伙制的。在合伙制度下，入股者每人可以保持一本单独的资本账目，每年可提取一定的款项作为当年的用度，当合伙期满时可以拆账，带走属于自己的那一部分资本和利润。而在旗昌轮船公司，账目由旗昌洋行统一负责，股东可以通过每半年公布一次的结账报告了解自己资本的增值和亏损情况，但不能通过单独保留的账目了解资金盈亏情况；股东可以通过股东大会发表对赢利走向的意见，以确保资本增值或获得股息，可以通过转让公司股票以规避风险，但不可以通过拆账收回投资。事实上，自创办之日起，旗昌轮船公司的

[1] 〔美〕刘广京：《英美航运势力在华的竞争》，邱锡荣、曹铁珊译，上海社会科学院出版社，1988 年，第 29 页；聂宝璋编：《中国近代航运史资料》(第一辑上册)，上海人民出版社，1983 年，第 483 页。

股票行市就十分活跃，经常随着公司经营状况的好坏上下浮动，并不断有股东卖出或买进股票的记录。

第三，旗昌轮船公司的赢利分配和亏损分摊不是各负其责。旗昌轮船公司的组织章程及财产规章规定："以每年 12 月 31 日为界的半年一次分红亦要经股东大会表决。"又规定："任何时候，在全年账目结清后，若发现全年亏损达 25% 或 25% 以上时，则可以在股东大会上投票表决是否解散旗昌轮船公司。"[1] 这说明，除非股东大会作出决定，否则股东个人很难干预公司的盈亏指向。从旗昌轮船公司的发展历史看，公司亏损一般也不由股东个人负责。1870 年 9 月以前，旗昌轮船公司的经营状况一直不是很好，这可以从公司的股票行市清楚地反映出来。股东作为个人除了忍受多年不发股息的损失外[2]，公司并没有要求股东个人对公司的债务负责，而是以公司的名义通过积极努力的运营实现扭亏，从而清偿债务。1864 年 6 月底和 12 月

[1] 《旗昌轮船公司组织章程》，载聂宝璋编《中国近代航运史资料》（第一辑上册），上海人民出版社，1983 年，第 483—484 页。

[2] 〔美〕刘广京：《英美航运势力在华的竞争》，邱锡荣、曹铁珊译，上海人民出版社，1988 年，第 119—121 页。

底，由于公司的净利分别上升到72，030两和41，612两，当年新任旗昌轮船公司的两位经理乔治·泰森（Ggeroge Tyson）和F.B.福士同时宣告，公司的负债已全部还清[1]。显然，这里作为对债务负责并作为经济实体出现的是公司，而不是股东个人。

R.B.福士把股东各负其责作为旗昌轮船公司不能称为公司的理由显然是不能成立的。得出这样错误的结论，一方面与R.B.福士没有实际参与公司的创办和管理有关，另一方面也与回忆录系多年以后的追记有关。

与福士不同，金能亨是把未能取得执照作为旗昌轮船公司不能称之为公司的根据。这样的说法是否成立呢？

根据现代公司制度的规定，要创立一个股份公司至少应具备以下几个条件：

（1）公司的创办要有创办人，即负责规划设立公司，并筹备和办理设立公司必要事宜的自然人或法人。（2）公司创办人的主要任务是：①起草并签署公司章程大纲和公司章程细则；②认购和募集公司资本；

[1]〔美〕刘广京：《英美航运势力在华的竞争》，邱锡荣、曹铁珊译，上海人民出版社，1988年，第47页。

③办理公司的注册登记手续，取得公司的合法成立[1]。

以上述标准来衡量，旗昌轮船公司显然已具备了作为一个股份公司的大部分条件，所缺的只有办理注册登记手续一条，即金能亨所说的取得执照。然而这仅仅是从现代股份公司制度的标准来看，要辨别金能亨说法的正确与否必须历史地看问题。

从世界范围看，公司注册制度起源于王权颁发特许状制度[2]。最初，颁发特许状制度的主要意义是王权对城市自治制度的确认。11世纪英国诺曼王朝统治初期，城市工商业者和平民曾经积极地寻求摆脱封建领主统治的途径，他们或出钱向封建领主赎买统治权，或请求国王颁发特许状，以求获得保护自己利益的城市自治权。为了削弱地主领主的权力，英王曾经很热心于向城市颁发确认其地位的特许权。14、15世纪之交，英国的专制王权得到加强，国王为了获得国家经济竞争上的利益和财政的补充，将颁发特许状的做法

[1] 沈四宝:《西方国家公司法概论》，北京大学出版社，1986年，第44—60页。

[2] 关于西方公司注册制度的起源，主要得益于胡国成先生的《公司的崛起与美国经济的发展》，载《美国研究》，1993年第3期。

扩大到了商业领域。一些大型的对外贸易股份公司，如东陆公司、几内亚公司、俄罗斯公司、东印度公司等在国王的特许下先后成立。

北美英属殖民地建立后，由国王颁发特许状成立公司的做法又延伸到了北美。北美独立后，王权已不复存在。但颁发特许状的做法却沿袭了下来，一般是由各州立法机构继续行使这一权力。1790 年，全美国已有经州立法机构颁发特许状的公司 40 个，到 1800 又增加了近 300 个。这些公司一经州立法机构特许注册，就取得了某种经营特权，“特许状本身就是以某种特定的方式准许从事某类工商业或其它事业的许可证”[1]，实际上也就是取得了经营执照。

随着美国经济特别是自由资本主义的发展，特许状制度中残留的封建特权已经越来越不适应公司制度的发展，并被一些人看作对美国民主制度的新威胁。面对这一经济发展的障碍，美国各州立法机构迅速行动，很快将特许公司制变成了一般公司制。1811 年，纽约州率先制定了有关工商业的一般公司法。到 19

[1] 胡国成:《公司的崛起与美国经济的发展》，载《美国研究》，1993 年第 3 期。

世纪 60 年代，“以前那种根据立法机关发给特许状而成立公司的程序，完全改变了，公司发起人根据州的普遍公司法拟定公司章程，并向有关当局申请领取公司执照，便可成立公司”[1]。

显然，至金能亨着手组建旗昌轮船公司时，美国已经建立了比较完善的近代意义上的公司法制度。金能亨等人完全可以依法在美国注册从而取得营业所必需的执照。[2]

然而，无论从任何角度看，旗昌轮船公司都不能算作比较完全意义上的美国公司。从公司的投资人看，其股权大部分属于华商，还有一部分是居住在上海的英商的投资，旗昌洋行只拥有该公司不到三分之一的股权。从公司的设立和实际运营看，公司总部设立在中国上海，1862 年 3 月 27 日在上海外滩旗昌大厦举行成立大会。其后，公司的运营行为一直没有超出中国水域的范围。因此，旗昌轮船公司实际上属于由美

[1] 曾繁正、赵向标等编译:《西方国家法律制度、社会政策及立法》，红旗出版社，1998 年，第 88 页。

[2] 张忠民说:“近代中国早期的有些外国在华公司，采用在本国国内注册的方式，以保持其外国公司的法人地位。”见《艰难的变迁——近代中国公司制度研究》,上海社会科学院出版社,2002 年,第 60 页。

国旗昌洋行代为经营的存在于中国境内的航运公司。这就意味着即使它不取得美国的营业执照，也不影响其生存和发展。而且，它还不必担心因不注册而带来的无法得到本国政府保护的问题，因为在腐败的清政府统治下的中国，外国侵略者只需要侵略特权和坚船利炮的保护就足够了。

旗昌轮船公司的不注册行为，又与中国土地上尚无公司法有关。从近代以来西方各国公司制度的发展看，各国对公司创办人的国籍并无硬性规定，只要符合本国公司法的规定，外国人和本国公民一视同仁。也就是说，外国人在某一国创办公司，如果符合有关规定，则视同本国人创办的公司。对于这一点，在美国工商业界混迹多年的金能亨应当十分清楚。为此，他在创办公司时如果不在美国注册亦可在中国注册。特别是旗昌轮船公司的经营活动完全在中国境内，如果在中国注册，则给予经营的便利似乎比在美国注册更多。但是，当时中国上自中央政府，下至地方官员，尚不知公司法为何物，当然也就没有公司法，金能亨自然也无从在中国注册。

中国大地上最早出现的规范公司行为的法律

是 1865 年港英当局颁布的《新公司法令》(New Companies' Ordinance)。第一个按照这个法律注册的公司是 1865 年 7 月 31 日注册的于仁船坞公司(Union Dock Company)。次年 10 月 11 日,香港黄埔船坞公司(Hong Kong and Whampoa Dock Company)[1]成立。但是,这个法令的出台比旗昌轮船公司的创办迟了 3 年,按照公司法注册,取得营业执照后成立公司自然成为不可能。

综上所述可以看出,金能亨的说法更反映了旗昌轮船公司的性质。实际上,旗昌轮船公司的资本组织、管理制度、机构建制以及赢利的分配制度等,都是按照股份公司的制度组织并实施的,没有注册取得执照

[1] 张学仁:《香港法概论》,武汉大学出版社,1992 年,第 293 页;E. J. Eitel: *Europe in China*,1895 年出版,1983 年牛津大学重印,第 453 页;雷麦在《外人在华投资》中说,"由于缺乏'当地'注册的办法,当时在华外商都感觉不便。……后来外商公司,都到香港按照直辖殖民地(Crown Colony)的放任法律去注册,因此不便情形为之大减。非英籍的在华外国商人也可以到香港注册,丝毫不生问题,英国官府也不在国籍上严立限制",见雷书第 236 页,在这一页的下面雷麦还有一段小注:"汇丰银行(Hongkong and Shanghai Corporation)系于 1866 年依一香港法令成立。"汇丰银行的成立应当依照的是《新公司法令》,但由于没有注明月日,因此无法判断是否在香港黄埔船坞公司之前注册。

反映的是中国经济尚处于现代化的初始阶段，以及处于被侵略地位的社会特性。这样，作为中国股份公司的发轫，旗昌轮船公司带有相当程度的原始色彩就是必然的了。

第四章　近代中国早期股份公司的斑斓色彩

旗昌轮船公司在近代中国早期遭遇了严重的资金困难，不得不借助华商的资金，进而就必须尊重华商的经营习惯，从而为近代中国早期的股份公司制度带来鲜明的中国特色，并影响到众多在华商中募股的外商公司。

一、外商在华股份公司的制度变异

旗昌轮船公司成功地利用华商资本组建股份公司的做法，使许多急于摆脱困境的外国在华洋行在山重水复的窘境中看到了柳暗花明。

在旗昌轮船公司即将宣告成立之前夕，英商天祥洋行（W.R.Adamson & Co.）企图利用华资组建一个名为中日轮船公司的股份公司，公司计划招收资本三十万镑，首次发行一万五千股，每股十镑，特别为中国保留二千五百股。作为公司代理的天祥洋行在报纸上大做广告，广泛征求入股者[1]。

1865 年 10 月，由美国琼记洋行任总代理人的省港澳轮船公司（Hongkong，Canton and Macao Steam Boat Co.）开始营业，这家公司共集资七十五万美元，分为七千五百股，每股一百美元[2]。华商资本在这家公司占有举足轻重的份额，从公司成立，大英火轮公司（Peninsular and Oriental Steam Navigation Co.）的买办郭甘章就是公司的董事。终 19 世纪，华商股东都是公司一支稳固的支持力量[3]。

1867 年 7 月，上海英商轧拉佛洋行（Glover & Co，1869 年以后改称 Glover，Dow & Co.）主持人格罗母

[1] 聂宝璋编:《中国近代航运史资料》（第一辑上册），上海人民出版社，1983 年，第 284—285 页。

[2] 聂宝璋编:《中国近代航运史资料》（第一辑上册），上海人民出版社，1983 年，第 287 页。

[3] 汪敬虞:《十九世纪西方资本主义对中国的经济侵略》，人民出版社，1983 年，第 487 页。

（F.A.Groom）发起“组织一家专门从事长江航运的轮船股份公司”[1]。公司计划集资二千股（后来增为二千零四十股），每股白银一百两[2]。实收十七万两，由上海的中外商人认购，“华人也许是其中最大的股东”[3]。

第二年，英商惇裕洋行（Trautmann & Co.）[4]代理的北清轮船公司宣告成立，股本三十万两，共六百股，每股五百两。实收资本十九万四千两，共三百八十八股，其中三分之一的股份为惇裕洋行所有，三分之一为唐廷枢所结识的华商所有，其余为各行员和上海的其他外商所有[5]。

[1] 〔美〕刘广京:《英美航运势力在华的竞争》，邱锡荣、曹铁珊译，上海社会科学院出版社，1988 年，第 79 页。

[2] 聂宝璋编:《中国近代航运史资料》（第一辑上册），上海人民出版社，1983 年，第 290 页。

[3] 〔美〕刘广京:《英美航运势力在华的竞争》，邱锡荣、曹铁珊译，上海社会科学院出版社，1988 年，第 79 页。

[4] 另一说法为德商资本，但其船悬挂英旗，经理特劳特曼（J. F. H. Trautmann）为德国人。参见聂宝璋编《中国近代航运史资料》（第一辑上册），上海人民出版社，1983 年，第 295 页；刘广京:《英美航运势力在华的竞争》，邱锡荣、曹铁珊译，上海社会科学院出版社，1988 年，第 89 页。

[5] 聂宝璋编:《中国近代航运史资料》（第一辑上册），上海人民出版社，1983 年，第 295 页；刘广京:《英美航运势力在华的竞争》，邱锡荣、曹铁珊译，上海社会科学院出版社，1988 年，第 89 页。

从 1870 年起，老牌英国洋行——怡和洋行也开始积极酝酿组织轮船公司。为了广事招徕，怡和洋行除了利用它侵华多年与华商建立的关系在华商中大事招徕外，还在报纸上大做广告，有中文广告，也有西文广告。1872 年 10 月，由怡和洋行总代理的华海轮船公司（又译东海轮船公司，China Coast Steam Navigation Co.）宣告成立，额定资本五十万两，分五千股，每股一百两。怡和洋行的大事活动显然在华商中产生了重要影响，在公司第一批入股的四千六百股中，华商股份竟然占了九百三十五股，占到了 20.3%[1]。

随着股份公司在航运领域的产生，有大量华商附股的股份公司相继在银行业、保险业、出口加工业、船舶修造业，以及公用事业等行业中产生，股份公司制度逐渐为中国人所熟悉，最终在 19 世纪 70 年代实现了由中国人自主创办股份公司。

随着大量华商进入外商在华组建的股份公司，一些原本并不属于西方股份公司的制度安排相继出现了，从而使股份公司这种典型的舶来品在最初来到中

[1]〔美〕刘广京：《英美航运势力在华的竞争》，邱锡荣、曹铁珊译，上海社会科学院出版社，1988 年，第 174 页。

国的时候就改变了原生形态，出现了种种制度变异。

其一，股银分期缴纳制。股份公司的出现是资本主义规模化大生产的产物。在股份公司诞生之初，已经充分考虑了小额资金的存在和广泛的投资需求，因而将募资数额划分为尽可能小的股份，使人持有小量资金即可投资。除公司创办人和初始股东认购公司最低股本时有最低限额外[1]，公开募集股本一般不采用分期缴纳股本的方式。但是，这种制度来到中国后却发生了嬗变。根据笔者掌握的史料，最早采用股银分期缴纳制招募股本的是华海轮船公司，其招股告白曰：公司"资本五十万两，分五千股，每股一百两。派股日先缴十五两，三月后再缴二十五两，再三月后又缴二十五两，其余待用时先行关照，一月再缴"[2]。

股银分期缴纳制的出现显然是适应中国经济发展水平和民众观念的结果。19世纪中叶乃至其后很长一个时期内，中国是一个自然经济刚刚开始解体的半封建半殖民地的落后的国家，国贫民穷，民间并不存在一个十分庞大的富有阶层，不可能有太多的资金投向

[1] 沈四宝:《西方国家公司法概论》,北京大学出版社,1986年,第79页。

[2] 东海轮船公司告白，载《申报》，1872年10月31日。

新式工商业。同时，人们的观念还比较落后，窖藏银风气盛行，并不认为购买股票是保持和增值财富的有效途径。股份公司要在中国站稳脚跟，必须破解这两个难题，而股银分期缴纳制的出现为解决这两个问题摸索出了一条可行的实施路径。

股银分期缴纳制的出现，是近代中国股份公司制度发展早期的一项重要变革，对以后中国股份经济的发展产生了深远的影响。这项制度不仅为外国在华洋行利用华资组建股份公司所采用，而且为其后发展起来的官督商办的洋务企业以及民办企业所采纳，为中国民族工业广泛集聚资本发挥了积极作用。

其二，官利制度。所谓官利制度，是指在企业利益的分配上无论赢利与否，必须首先支付给股东的股息，再有余利才分红。近代以来官利的利率一般在5%—10%之间。官利制度起于何时目前研究的并不多，郭郛、陈家晓两位学者认为“官利”一词早在中国封建时代就已出现，“韩愈在《论变盐法事宜状》一文中就使用过‘官利’这个字眼”[1]。王裕明认为，至少

[1] 郭郛、陈家晓:《近代股份制企业中的“官利制”问题探析》，载《西安教育学院学报》，2000年第2期。

在明代中叶，徽商中即已经开始实行官利制度，不过其时还叫作正利和余利。而官利的叫法，至迟在雍正年间就出现了[1]。杨在军、张岸元两位学者认为早期外国在华股份公司就有类似官利的制度[2]。目前学术界普遍认为官利制度在近代的实施，最早开始于1872年轮船招商局的创办[3]。实际上，在轮船招商局酝酿实施官利制度的同时，华海轮船公司也将官利引入了企业利益分配制度，并且率先向公众发布。同治十一年九月三十日（1872年10月31日）的华海轮船公司广告称："所有本公司溢利，每年一结，先提官利一分，次放积贮十万两，然后按股分沾。"[4]轮船招商局的官利

[1] 王裕明:《明代商业经营中的官利制》，载《中国经济史研究》，2010年第3期。

[2] 杨在军、张岸元:《关于近代中国股份制起源的探讨》，载《江西社会科学》，2003年第1期。

[3] 张忠民:《艰难的变迁——近代中国公司制度研究》，上海社会科学院出版社，2002年，第387页；李玉:《晚清公司制度建设研究》，人民出版社，2002年，第34—35页；朱荫贵:《改进与变革：近代中国企业官利制度分析》，载《近代史研究》，2001年第4期；杨华山:《中国早期现代化建设的二难困境——晚清专利与官利制度述评》，载《安徽史学》，2002年第2期。

[4] 聂宝璋编:《中国近代航运史资料》（第一辑上册），上海人民出版社，1983年，第297页。

制度最初见于朱其昂主持制定的《招商局条规》。这个条规制定的时间，根据樊百川先生的考订是在同治十一年十月初五（1872 年 11 月 5 日）上呈，十一月初九（12 月 9 日）李鸿章批准施行[1]，略晚于华海轮船公司。考虑到两个轮船公司均设在上海，二者在制定官利制度的时候，很可能相互影响，互有借鉴，互有启发。

官利制度本质上并不属于西方的股份公司制度，除了不必还本外，其性质更接近债券制度，即无论企业盈亏，必须年年付息。这样，企业股东相对企业而言就具有债权人的身份。显然，官利制度是股份公司来到中国后的外生制度，反映了中国社会资金匮乏对股份公司制度进一步发展的制约，更反映了中国经商习惯的影响，而正是中国传统联合经营的传统习惯，对于突破制约发展的瓶颈发挥了重要作用。

关于官利制度的评价，学术界研究已经较多。笔者一直认为，从总体上看，在中国工业发展的早期，官利制度的实施利大于弊。一方面它对于启动投资市

---

[1] 樊百川：《中国轮船航运业的兴起》，四川人民出版社，1985 年，第 234 页。

场、为企业筹集急需的资金发挥了积极作用；另一方面，它又使企业背负了沉重的成本负担，使产业利润成为借贷利息以上的余额，大大延缓了企业资本积累的进程。但是，在中国新式工业刚刚诞生的时候，在资金筹集极为困难的条件下，其积极作用显然大于消极作用。这是官利制度为什么在中国经济近代化刚刚启动的阶段就被植入的重要原因。所以，官利制度一经引入新式工商业，就对其后中国股份经济的发展产生了长久的影响。直至20世纪上半叶，官利制度仍然在中国许多股份公司中广泛存在[1]。

其三，有业务股东优惠分红制。这种制度指凡与公司有业务往来的股东，在年终分红时可以获得高于无业务往来股东的股息。如前所述，这种制度萌芽于旗昌轮船公司的创立，其初衷是一种吸引投资的策略手段。其后，公正和北清轮船公司在筹备的过程中显然看到了这一策略的成功之处，便加以利用和改进。它们将优惠的范畴扩大到公司全部业务领域。公正轮船公司的做法是，“有股份而不与该公司共生意者，

---

[1] 朱荫贵：《改进与变革：近代中国企业官利制度分析》，载《近代史研究》，2001年第4期。

照本钱一百两付利银十五两。……有股份而又与该公司共生意者，照本钱一百两付利银十五两之外再加五两”。北清轮船公司的做法是“有股装货者，另得回用十两”[1]。

这种对有业务股东的优惠与中国传统社会长期盛行的人情关系、亲缘关系有着明显的渊源联系。例如，在中国旧式木帆船运输业中，长期盛行一种对股东的优惠照顾制度，即股东如若兼船员，则可在船上挟带一定数量的个人私货[2]，股东在获得作为船东的投资人的收益外，还可获得直接贸易的收益。在钱庄业实行的会票号制度也属于这种性质的制度安排[3]。表面观之，这种关系是一种股东之间的经济利益的结合，是股东之间对各自利益的关照。实质上，透过经济关系显现出来的是基于人情的血浓于水的亲缘关系。因

[1] 聂宝璋编:《中国近代航运史资料》(第一辑上册)，上海人民出版社，1983年，第291、296页。

[2] 聂宝璋编:《中国近代航运史资料》(第一辑上册)，上海人民出版社，1983年，第57—58页。

[3] 中国人民政治协商会议上海市委员会文史资料工作委员会：上海文史资料选辑第16辑《旧上海的金融界》，上海人民出版社，1988年，第252页；中国人民银行上海市分行:《上海钱庄史料》，上海人民出版社，1960年，第463—464页。

为在中国旧式合伙中，合伙股东之间往往有血亲、姻亲等血缘关系，或世交、世谊等人情关系，人们作出制度安排时，必定会首先考虑这种温情脉脉的利益关系。否则，将会违背中国传统的道德伦理信仰。当西方的股份公司来到中国时，中国旧式合伙制度的理念就会因为中国人的投资而被引入公司的制度安排，那种原本经济意义上的股东关系必然会蒙上中国式温情的面纱。

二、从公司注册制度看近代中国股份公司的杂糅色彩

公司注册制度是近代以来世界各国才普遍实行的管理公司的制度，其中的公司自然包括各种形态的公司，特别包括占公司大多数的股份公司。通过注册制度的实施，不但改变了公司随意组建的散漫状况，而且清政府还收回了原来掌握在行会手里的管辖企业的权力，并且对外商也形成了一定的影响。但是，仔细观察中国的注册制度就可以发现，传统的办法依然闪

现在披上了现代外衣的公司注册制度上。

1. 近代中国早期[1]的企业

近代中国公司注册制度形成的标志是清政府于1904年颁布的《公司律》和《奏定公司注册试办章程十八条》。但学界普遍认为，在此之前公司的设立经历了一个特许设立阶段。杨在军将特许设立制度归结为在“某一项制度缺乏一般法律规定情况下，由政府采取一事一议的方式决定是否实施”[2]的制度。具体到公司注册，他认为特许设立的公司和在准则主义条件下设立的公司[3]的区别主要在于政府权力作用与市场、法律作用的不同。严亚明认为，包括公司在内的企业的设立经历了放任主义、特许主义、核准主义和准则主义四个阶段[4]。他以清末新政颁布《公司律》为界，

[1] 本处的“近代中国早期”指甲午战争前的近代中国。

[2] 杨在军:《晚清公司与公司治理》，商务印书馆，2006年，第10页。

[3] 杨在军将依照相关法律设立的公司称为准则公司。

[4] 严亚明:《晚清企业制度思想与实践的历史考察》，人民出版社，2007年，第84—85页。

将晚清的公司创立[1]分为前后两个阶段，前一阶段自洋务企业创立始，其创立的原则是政府特许核准创立，后一阶段自清末始，向依法设立转变。在此之前，则几乎没有关于企业创立的法律规范[2]。然而，在洋务企业出现之前，中国虽然不存在现代意义上的公司或曰特许公司，却存在大量各种形态的经济组织，或曰企业[3]。这些企业既然存在着，就有一个履行设立手续的问题。

---

[1] 严亚明认为，按照现代企业制度理论，企业设立是组建企业并使之取得法人资格的一系列行为的总称。但晚清的近代企业缺乏法律地位，所以对于晚清的企业不使用企业设立的说法，而是采用较为宽泛的经济学意义上的企业创立一语。见《晚清企业制度思想与实践的历史考察》，第 72 页。

[2] 严亚明:《晚清企业制度思想与实践的历史考察》，人民出版社，2007 年，第 85—86 页。

[3] 什么是企业？沈祖炜主编的《近代中国企业：制度和发展》的定义是：市场经济中的行为主体，它通过一定的组织形式集合生产要素，它是独立进行产销活动的经济实体，它有盈利的冲动。沈祖炜认为自然经济条件下的经济单位不是市场经济的行为主体，置而不论。严亚明认为企业是个历史概念，是社会生产力发展到一定水平的产物，经历了从无到有，从个体（家庭）手工业到手工业作坊、商人雇佣制（包买商）、手工业工场、机器工厂，最后到现代公司的发展阶段（见《晚清企业制度思想与实践的历史考察》第 1 页）。严氏的定义比较宽泛，考虑了历史因素。本文使用严氏关于企业的定义。

在数量众多的企业中，首先是外商在华企业。前已叙及，这类经济组织大都叫作公司，但从资本组织方式看，这些外商企业的本质并不一样。前一类洋行虽然都叫作公司，但在组织形式、管理方式和资金筹措上并不实行股份制，而是实行合伙制。严格意义上，这些公司应当叫作私人公司（private company），或封闭式公司（closed company）[1]。通常这类公司参与合伙的人很少，并且经常变动。这种变动大都能从行号的变化上显示出来。东印度公司则不同，它在资本组织上实行股份公司制，并得到了英王特许经营的权利。鸦片战争后，外商企业大量进入中国。至甲午战争前夕的1893年，外商在华洋行数量已高达580家[2]。这

---

[1] 此处取张忠民的说法，见《艰难的变迁——近代中国公司制度研究》第103—104页。但沈四宝在《西方国家公司法概论》一书中指出，有限责任公司在英国称为limited liabilities company，在美国称为closed corporation，在西欧称为private company。他说，所谓有限责任公司，一般是指股东人数较少、不公开发行股票、股东责任有限的一种公司企业。（见《西方国家公司法概论》，北京大学出版社，1986年，第18页）这个定义与张忠民的解释不一致，张忠民把以家族为基础、吸收一些合伙人的股份组织起来的公司叫作“私人公司”或“封闭式公司”，并未提及责任问题。

[2] 汪敬虞主编:《中国近代经济史1895—1927》（上册），人民出版社，2000年，第140页表8。

些洋行有的是股份公司，有的则仍然呈私人公司的形态。

其次是民间经营的各类企业。这类企业非常多，无以数计，清政府并无准确的统计。从资本组织方式看，有独资、合资、合伙、合股等方式。这些词汇均在中国古代记载中出现过，表明这类企业在实际经济活动中长期存在。但是，对于这些企业的资本组织方式，当今学者有不同理解。对于独资，学界并无歧义，指全靠自有资金经营的企业。对于合资、合伙、合股的理解有分歧。有学者从当代合伙企业法的理解出发，将合资、合伙、合股三种资本组织形式全部归结为合伙，“即具有盈利性及联合经营两个特征的盈利性组织”[1]。有学者认为,合资的含义是“两个或两个以上的人共同出资，共同经营，共同负担无限责任，得利按资本分配”[2]；合伙的含义是“东家出本,伙计经商的一种制度”[3]；合股的含义是“几个资本所有者与一个资本

[1] 刘秋根:《中国古代合伙制初探》,人民出版社,2007年,第49页。

[2] 张忠民:《艰难的变迁——近代中国公司制度研究》,上海社会科学院出版社，2002年，第2页。

[3] 吴承明:《中国资本主义与国内市场》，中国社会科学出版社，1985年，第243页。张忠民也持这种说法。

经营者之间的合作”[1]。依笔者所见，中国古代乃至近代，工商业中确实存在方式不同的资本组织方式。如果均归为合伙，从词义的当代理解出发并不错，但如果加以细致区分，则更接近历史上的本来面貌。在上述资本组织方式中，除独资外，均存在资本的合作，以及资本与人力的合作，如果用现代语言来表述，则为货币资本与人力资本的合作。近代以降，上述资本组织方式仍然存在，但生产技术方面发生了变化，出现了使用机器进行生产的企业。

此外，中国社会内部还存在一些官方举办或者参与举办的生产单位。如官办的织造局、盐运局以及官办的铜矿、钱币局等。同治朝以后，又出现了官方投资的官办军用工业，以及官督商办、官商合办的民用工业。截至甲午战争，洋务派先后建立军用工业局厂

[1] 参见张忠民《艰难的变迁——近代中国公司制度研究》第 2 页。张忠民的观点来自汪士信和刘秋根。刘秋根在《论中国古代商业、高利贷资本组织方式中的“合资”与“合伙”》一文中也取这种说法，（见《河北学刊》，1994 年第 5 期），与《中国古代合伙制初探》一书的说法有所不同。杨在军、高新伟均采用张忠民的说法。

25家[1]，民用工业企业40家[2]。

以上各种企业或生产单位相加，其数量显然是巨大的。它们共同生存在中国的土地上，活动在中国社会中，如果没有一个管理体制进行管理，或者最起码的准入规则，显然是不可能的。

2. 近代早期外商在华公司创办的合法性

所谓合法性问题，指企业设立的准入问题。从世界历史的发展看，企业的设立一般都经历了由自由放任向法制化、规范化、程序化的方向发展的过程，最终建立了企业设立的注册制度。近代中国在清末之前虽然尚未建立企业注册制度，但并非没有制度约束，每个企业的设立都有一个取得合法性的问题。

鸦片战争前在华设立的外商公司，特别是经营对华贸易的外商洋行，其设立没有任何条约根据，即使是从外商自身的角度看也是非法的。最初，经营对华

[1] 李时岳、胡滨:《从闭关到开放——晚清洋务热透视》，人民出版社，1988年，第23—25页。

[2] 李时岳、胡滨:《从闭关到开放——晚清洋务热透视》，人民出版社，1988年，第129页。

贸易的外商除东印度公司外，还有专营港脚贸易[1]的英印散商。东印度公司为维持自身的垄断地位向英印散商颁发营业许可证，允许他们从事印中贸易。但不许他们直接与中国人贸易，所以英印散商的贸易合法权是自东印度公司取得的。之后，散商不满意东印度公司的蹒跚作风，总是千方百计要摆脱东印度公司监理委员会的控制。到 1779 年，散商终于找到了摆脱东印度公司束缚的办法。这一年，苏格兰人约翰·里德（John Reid）带着奥地利皇帝派为领事和奥地利商馆主持人的委任令来到广州。由于他的奥地利身份，东印度公司受英王特许管制英国臣民的一切禁令就不再有效了，从而可以我行我素。其他散商见状纷起仿效。从此，由英国散商经营的代理行号不断出现。另外，活跃在广州的还有美国的代理行号。至 1833 年东印度公司宣布废除对华贸易的垄断时，广州已有外商行号数十家。上数代理行鸦片战争后大都继续存在，还增加了不少新的行号。由于缺少了东印度公司的关联，又没有清政府的认可，洋行的存在完全是非

[1] 港脚贸易专是指印度、东印度群岛同中国之间的贸易，其词义来源已不清楚。

法的。

但是，此时公司制度在西方国家已经普遍建立起来。英国公司法的历史开始于1825年，法国则至迟在1856年已经对公司有了法律规定[1]。在这种情况下，外商在华公司为了保持其外国公司的法人地位，“或者注册于本国国内，或者注册于当时已经成为英国殖民者势力范围的香港”[2]。“从1875年起，上海正式成为英国所谓的船舶注册港，诸凡英籍船只都可在上海转移产权。其次，从七十年代下半期起，英国的股份有限公司条例，也普遍应用于它在中国的航运公司。”[3]

---

[1] 沈四宝:《西方国家公司法概论》，北京大学出版社，1986年，第5—6页。

[2] 张忠民:《艰难的变迁——近代中国公司制度研究》，上海社会科学院出版社，2002年，第60页。

[3] 汪敬虞:《十九世纪西方资本主义对中国的经济侵略》，人民出版社，1983年，第493页。汪敬虞先生和张忠民先生虽然对外商公司在华注册问题作了明确的表述，但尚有细节问题需明晰。根据笔者所见资料，中国大地上最早出现的规范公司行为的法律是1865年港英当局颁布的《新公司法令》(*New Companies' Ordinance*)。第一个按照这个法律注册的公司是1865年7月31日注册的於仁船坞公司(Union Dock Company)。次年10月11日，香港黄埔船坞公司(HongKong and Whampoa Dock Company)成立。见孙毓棠编《中国近代工业史资料》(第一辑上册)，科学出版社,1957年,第8—9页。另见张学仁《香港法概论》，武汉大学出版社，1992年，第293页；

除注册于本国和港英政府外，还有外商企业注册于租界当局。例如，1864 年成立的法商自来火行就注册于法领事署[1]。另外，还有打着外商旗号的船只在澳门注册[2]。

外商在华公司在中国尚无公司注册制度的情况下急于确立合法地位，一方面固然反映了西方商人的法律意识，但是更多的还是企图借此获得治外法权的庇护。对此，美国学者雷麦在《外人在华投资》一书中有明确的宣示：在华外商投资的“这种资本，由外人带到中国来，他们自己住在中国，或者代表不在中国

E.J.Eitel：*Europe in China*，1895 年出版，1983 年牛津大学重印，第 453 页；雷麦在《外人在华投资》中说，“由于缺乏‘当地’注册的办法，当时在华外商都感觉不便。……后来外商公司，都到香港按照直辖殖民地（Crown Colony）的放任法律去注册，因此不便情形为之大减。非英籍的在华外国商人也可以到香港注册，丝毫不生问题，英国官府也不在国籍上严立限制”，见雷书第 236 页。在这一页的下面，雷麦还有一段小注：“汇丰银行（Hongkong and Shanghai Corporation）系于 1866 年依一香港法令成立。”汇丰银行的成立所依照的应当是《新公司法令》，但由于没有注明月日，无法判断是否在香港黄埔船坞公司之前注册。

[1] 孙毓棠编:《中国近代工业史资料》（第一辑上册），科学出版社，1957 年，第 182 页。

[2] 聂宝璋编:《中国近代航运史资料》（第一辑下册），上海人民出版社，1983 年，第 1325 页。

的外人。它依然是外人自己经营的合法财产。治外法权一日存在，则外人身体与财产不受中国法院的管辖”。[1] 显然，在《马关条约》签订之前，外商在华举办公司并无条约根据，处于非法状态。因此，他们非常需要借治外法权来保护自己。

值得注意的是，并非所有的外商均感到注册的重要性，他们仅仅依仗侵略特权依然可以存在。以近代以来最先成立的外商轮船公司——旗昌轮船公司为例。旗昌洋行的大股东 R.B. 福士在多年后的回忆录中写道：“长江开放激起了人们在这条河流上进行航运的疯狂追逐……旗昌洋行首先进入现场，他们组成了一个公司，但不具股份公司形式，由各股东自行负责……。”[2] 旗昌轮船公司主要创办人金能亨则将公司定性为“私人合伙”。他的主要根据是“旗昌轮船公司

[1] 〔美〕雷麦：《外人在华投资》，蒋学楷、赵康节译，商务印书馆，1959 年，第 60 页。至于近代中国外商的投资是否都是来自境外，本文只是照转原文，以说明外商的侵略性问题。吴承明先生、汪敬虞先生等前辈学者对此已有深入探究和论述，证明近代外商在华投资之相当比重来自对中国财富的掠夺，本人同意诸位前辈学者的观点。

[2] 《福士回忆录》，转引自刘广京《英美航运势力在华的竞争》，上海社会科学院出版社，1988 年，第 35 页。

一直未能组成公司或取得执照”[1]。取得营运执照的前提是实施注册从而取得合法地位，旗昌轮船公司尽管曾经在中国的内河航运业煊赫一时，却从未为此操心，说明旗昌轮船公司从未实施注册。

旗昌轮船公司并非没有条件注册。旗昌轮船公司正式成立于1862年，此后在中国内河水域活动多年，完全有可能根据港英当局的《新公司法令》（*New Companies' Ordinance*）注册。旗昌轮船公司还可以依照本国法律注册成立。根据胡国成和曾繁正、赵向标等学者的研究，最初美国公司的设立沿用的是欧洲的特许状制度。以后，随着美国经济特别是自由资本主义的发展，特许状制度中残留的封建特权已经越来越不适应公司的发展，并被一些人看作对美国民主制度的新威胁。于是，美国各州立法机构迅速行动，很快将特许公司制变成了一般公司制。1811年，纽约州率先制定了有关工商业的一般公司法，至19世纪60年代，“以前那种根据立法机关发给特许状而成立公司

[1]　美国国会《国会文件汇编》第一部分第886页，转引自刘广京《英美航运势力在华的竞争》，上海社会科学院出版社，1988年，第29页注4。

的程序，完全改变了，公司发起人根据州的普通公司法拟定公司章程，并向有关当局申请领取公司执照，便可成立公司”[1]。也就是说，旗昌轮船公司成立时，美国已经有了比较完备的公司法，旗昌如不愿按照港英当局的公司法律注册，完全可以在美国国内注册。

类似旗昌轮船公司这种以未注册的非法方式存在的外商公司还有：厦门新船坞公司（The New Amoy Dock Company），它于 1858 年建立后一直以非法方式存在，直至 1892 年才在香港注册成立[2]。平和洋行（Liddell Bros. & Co.，Ltd）1870 年在上海设立，主营棉花包装业，兼营毛皮、皮革、羊毛等输出业，先后在天津、汉口设立分店。但直至 1919 年才在香港注册为有限公司[3]。大英自来火房（Shanghai Gas Co.，Ltd.）1865 年成立，为一小的私人合伙公司，曾于 1885 年

[1] 参见胡国成《公司的崛起与美国经济的发展》，载《美国研究》，1993 年第 3 期；曾繁正、赵向标等编译《西方国家法律制度、社会政策及立法》，红旗出版社，1998 年，第 88 页。

[2] 孙毓棠编：《中国近代工业史资料》（第一辑上册），科学出版社，1957 年，第 41 页。

[3] 孙毓棠编：《中国近代工业史资料》（第一辑上册），科学出版社，1957 年，第 102 页。

和1896年先后增资，1901年依照香港法律注册改组为股份有限公司，登记资本为2，500，000两[1]。德国礼和洋行（Carlowitz & Co.）于19世纪中叶侵入中国，最初兜售缝衣针，后逐渐扩大到经售矿山机械、铁路器材等。但迟至1887年才在上海正式成立，并在德国登记备案[2]。类似的外商在华公司还有许多,不一一赘述。

综上所述可知，外商在华公司的合法性问题以1856年为界分为两个阶段，第一个阶段自鸦片战争前外商在广州设立洋行至1865年港英政府颁布《新公司法令》止，是外商公司以非法形态存在的阶段。此后外商公司开始在港英政府当局注册，或在本国注册，有的向租界当局注册，有的则在澳门注册。但是，即使是在第二个阶段仍有许多外商公司并不想办法注册，而是以非法的形态存在着。

---

[1] 孙毓棠编:《中国近代工业史资料》(第一辑上册)，科学出版社，1957年，第174页。

[2] 高渤海:《我在天津礼和洋行的所见所闻》,见《文史集萃》(第四辑),文史资料出版社，1984年，第236页。

3. 民间企业创办的合法性

前近代时期，中国社会经济中存在着数量众多的商号和自产自销的手工生产作坊，它们均程度不同地参与到中国社会经济的商品交流中来。为此，它们的存在都有一个合法性问题。从历史传统看，商号和自产自销手工生产作坊的存在有很强的官方管理的传统。早在唐代，“官方为了便于管理坊市的行，使从事工商业的同业者皆分别聚居于同一市区之内，各行设有‘行头’或‘行首’”[1]。行头的职责除管理好行会的内部事务外，主要是要协助政府完成诸如市场管理、赋税缴纳、徭役征派等任务。宋以后，工商业和行会的规模都有所发展，地位也越发重要，但是行会协助政府维护市场秩序和行业秩序的职责没有变。

降至清代，政府通过行会管理工商业的传统依然存在，并且有所加强。对于某些重要的行业，清政府实施特许管理的方式。例如盐商、茶商、典商、丝业、粮货行等均属于朝廷特许经营的商业行业。特许权在

[1] 彭泽益:《中国工商业行会史研究的几个问题》，见《中国近代工商行会史料集》(上册)，中华书局，1995年，第5页。

这些行业行会的条规均有所反映。例如，订于光绪年间的益阳山货行条规就宣称："我行以山货居奇，自乾隆年间为承应科场巨款开设，屡经奉宪核定章程，其法甚良，其意甚美……迄今盖有百余岁矣，值此海禁大开，与外洋各国通商，而山货尤为急需之物，我等欲开致富之门，广生财之路，能不率由旧章而扩充新规乎？"[1] 典商的条规曰："窃典商为便用起见，交质相通，始自乾隆间奏准，奉宪批示章程。"[2] 特许商之外，其他工商行业由各级地方政府管理。例如，《钱店公议条规》特别声明，此条规是"蒙各大宪俯赐批词"[3] 的。《皮鞋店条规》曰："兹集同人酌议，重整条规，奉宪颁示核准在案，务望我等，各宜禀遵，共相恪守。"[4] 最典型的是浙江丝业会馆的筹建，先后呈报浙江巡抚、浙江布政使、浙江筹饷局、江苏布政使、苏松太道等

[1] 彭泽益主编：《中国近代工商行会史料集》（上册），中华书局，1995年，第215页。

[2] 彭泽益主编：《中国近代工商行会史料集》（上册），中华书局，1995年，第205页。

[3] 彭泽益主编：《中国近代工商行会史料集》（上册），中华书局，1995年，第233页。

[4] 彭泽益主编：《中国近代工商行会史料集》（上册），中华书局，1995年，第273页。

政府部门批准才最终建立[1]。总而言之，各行会“凡董其事者，无不请立案，求给晓谕，以期永远遵行”[2]。

但是，清政府是一个管理能力很弱的政府，它无力统辖社会经济的方方面面。对于行会之下更细小的商号和手工作坊设立的合法性管理，它实际上是授权行会管理的。因此，各行会的行规大都有新开铺面准入问题的具体规定，一般是纳牌费（或曰入会费、入帮费、行底银等）若干，方取得合法身份，可以开业。制定于1678年（康熙十七年）的汉口米市公所帮规规定:“凡同业之入帮,先缴入帮费纹银十五两。”[3]南海、番禺布行的《布行规定》曰:“凡新张之店，必须先到本会馆挂号。自开市之日起，限二十日内，尽将招牌行银两兑足，交执事收管。”[4]盐号的条规规定:“新开

[1] 彭泽益主编:《中国近代工商行会史料集》(下册)，中华书局，1995年，第766—790页。

[2] 彭泽益主编:《中国近代工商行会史料集》(下册)，中华书局，1995年，第799页。

[3] 彭泽益主编:《中国近代工商行会史料集》(上册)，中华书局，1995年，第607页。

[4] 彭泽益主编:《中国近代工商行会史料集》(上册)，中华书局，1995年，第607页。

油盐号者，捐牌费钱六串文。”[1] 有的行会对于新开店还有资质的审查，例如《刻字店条规》就规定：“新开店或原牌改字，或租牌加记，或订牌及同宗挂旧牌名，必先具禀知会值年，查其果系老成谙练，向无不法事故，许牌费贰串文交值年，以便发给示谕规条，违者禀究。”[2]《钱店公议条规》规定：“今后凡欲新开，必先请至总值年处，登立新开牌名于总簿，说明店东何人，司事何人，别无胶葛，然后开张。”[3] 没有遵守行会的规则擅自入市者则有严厉的处罚规定：“如逾限及交，除照数收是外，仍罚香油一十两，以为违者戒。倘限外仍不交出，即传贴通知阖行停止交易，另拟禀究，决不徇情。”[4]《砚店条规》规定：“外来面生客师，不知心性者，不许在城帮贸，如有容留越请，一经查出，

[1] 彭泽益主编：《中国近代工商行会史料集》（上册），中华书局，1995 年，第 201 页。

[2] 彭泽益主编：《中国近代工商行会史料集》（上册），中华书局，1995 年，第 395 页。

[3] 彭泽益主编：《中国近代工商行会史料集》（上册），中华书局，1995 年，第 235 页。

[4] 彭泽益主编：《中国近代工商行会史料集》（上册），中华书局，1995 年，第 607 页。

该店罚戏一台敬神。”[1] 这些罚则更加充分地表明，企业的生存资格是从行会获得的，如果没有行会的允许，企业的开设实际上是失去了合法性的。

近代以降，这种传统沿袭了下来，并受时代发展和外商的影响，开始向现代注册制度的方向发展。成立于 1858 年的上海振华堂洋布公所于光绪年间订立了公所规则，其中关于入所的规定这样写道：“凡同业愿入本公所者，须自具报名单一纸，将店号、住址、执事台衔、同事人数详细开载，盖印送交本公所收执，并缴银三十两，以作注册之费。”[2] 在这份规则中，已经明确地出现了注册的字眼，其注册成立的规定，除了没有资本额的注册外，已经具有很浓厚的现代气息了。然而，这只是行会中的个别现象，直至清末公司法出台，大部分行会依然沿袭旧有的准入制度。

在旧式工商业继续繁衍的同时，机器工业等新式工商业产生了。由于新式机器工业诞生于洋务运动时

---

[1] 彭泽益主编：《中国近代工商行会史料集》（上册），中华书局，1995 年，第 293 页。

[2] 彭泽益主编：《中国近代工商行会史料集》（上册），中华书局，1995 年，第 613 页。

期，最初都是由官方举办或者官方倡办的，所以企业的设立一般采用政府特许的方式[1]。此后,民间也开始使用机器进行生产。由于用机器生产属于新产生的行业，尚未建立行会，又由于其生产技术手段与官办机器工业相似，因此人们一般认为其开办应当首先获得官方的特许。“随查沿海各省制办机器，均系由官设局，奏明办理，平民不得私擅购置。即如长江轮船往来，除招商局及洋商贸迁外，并无内地商人置用贸易。又如本省定章，除捕盗缉私外，不得以轮船贩运货物、渡搭人客，即官用之船亦需禀明立案。原以杜富商大贾专利病民，立法极为详密。今裕后昌等店擅制机器缫丝，并未禀明立案，以至失业佣流籍端启衅。”[2]这是 1881 年（光绪七年）广东南海县知县徐赓陛在处理机器缫丝厂遭民间手工缫丝工匠攻击案时，向上禀报中的一段话。从这段话可以看出，彼时人们是将机器工业企业的设立作为一种特例看待的，其合法性的获

[1] 学界对这个问题的观点基本一致，并且已有诸多研究成果，此不赘述。参见前述张忠民、杨在军、严亚明等人著作。

[2] 徐赓陛:《办理学堂乡情形第二禀》，见孙毓棠编《中国近代工业史资料》(第一辑下册)，科学出版社，1957 年，第 964 页。

得只能遵照先前官办工业的模式，必须“禀明立案”。再如，近代中国民族资本经营的最早的机器缫丝工业——继昌隆缫丝厂，在最初建立时，由于没有获得特许，被人们视为异端，并于 1881 年（光绪七年）被迫关闭。“三年后得政府之许可，乃复在简村继续经营。”[1]

民间新式工商业设立的官方特许方式有两种，一种是官方认为特别重要或者阻力特别大而政府又认为十分必要举办的，一般采取官为倡办的方式。这样企业的设立，其特许权自然来自官方。例如机器煤铁业的创办，洋务派认为“各省所设机器轮船等局，制造一切以煤铁为大宗”，而南北洋防务又“以制造船炮为第一要义”[2]。煤铁的开采是“力致富强”的重要一环，可以借此“收回利权”[3]。因此，对于此类企业的创办洋务

[1] 孙毓棠编:《中国近代工业史资料》(第一辑下册)，科学出版社，1957 年，第 958 页。

[2] 左宗棠:《开采徐州铜山县境煤铁援案请减税银折》，见孙毓棠编《中国近代工业史资料》(第一辑下册)，科学出版社，1957 年，第 1109 页。

[3] 李鸿章:《峄县开矿片》，见孙毓棠编《中国近代工业史资料》(第一辑下册)，科学出版社，1957 年，第 1094 页。

派都大力推进。商人禀报要求举办的,除条件不具备者,洋务派大吏一般均在审查后予以批准。有的企业创办甚至是官方首先发起，随后组织商人集股开办的。例如，徐州煤矿的筹办就是在徐州道程国熙禀报的基础上，由左宗棠“饬令候选知府胡恩燮延聘洋矿司入山探验，煤铁均堪开采”[1]后，招商集资开采的。直隶临城内邱煤矿由李鸿章委派候选郎中钮秉臣集款试办[2]。

另一种则是商人有创办意向后，向官方申报获得批准，取得合法的举办资格。例如，天津商人吴崇仁等创设火柴制造公司，“禀请开办”，李鸿章认为此事可以“敌洋产而保利源”,“自应批准”[3]。1889年(光绪十五年)6月，张之洞致电使美大臣张荫桓:“华商黄秉常请在广东试设电灯，便民用、塞漏卮，甚好，已咨复准办。请饬该商速来。洞现调湖广，如该商愿于

---

[1] 左宗棠:《开采徐州铜山县境煤铁援案请减税银折》，见孙毓棠编《中国近代工业史资料》(第一辑下册)，科学出版社，1957年，第1109页。

[2] 孙毓棠编:《中国近代工业史资料》(第一辑下册)，科学出版社，1957年，第1100页。

[3] 李鸿章：致总理衙门函《议制造火柴》，见孙毓棠编《中国近代工业史资料》(第一辑下册)，科学出版社，1957年，第991页。

武昌、汉口设办，请询复。”[1] 这是张之洞奉调湖广总督但尚未赴任时发给张荫桓的电报，可知是美国华侨商人欲回国内举办新式工商业，通过驻外公使张荫桓来联系张之洞，并取得张之洞的批准。

但并不是所有民间工商业的创办都能获得官方的批准。有些民间工商业经营的是鸦片或者走私货物等非法物品，就不能获得政府的创办授权。有些企业则干脆是因为保守势力的阻挠或者政府办事效率的低下不能获得授权。由于上述种种原因，很多急于生财的商人就采取了诡寄洋人企业，或者干脆借用洋人旗号的方式来获得创办的合法性。

近代中国史上有名的亚罗号事件的主角——亚罗号运输船就是一个典型例证。亚罗号是一艘被外国人称为绿壳（Lorcha）的划艇，1854 年由中国人苏亚成制造，随后通过波碌洋行［其老板波碌（F.H.Block），是丹麦驻香港领事］用 1000 元买得了一纸香港执照，并雇用一个叫亚罗的外国人在船上工作，从事货运。后来，船被海盗夺去，以后又被民团擒获，并卖给了

[1] 孙毓棠编:《中国近代工业史资料》（第一辑下册），科学出版社，1957 年，第 1019 页。

广州一家公司。公司在修缮船只后，又将船卖给了一个叫方亚明的中国人，并以他的名字在香港注册，取得有效期一年的执照，同时雇用了英国人托马斯·肯尼迪（Thomas Kennedy）为名义上的船长[1]。从上述亚罗号的历史可以看出，这完全是一艘中国人制造、中国人拥有、中国人经营的中国船，但是却两次在香港注册，目的就是可以“自命为英国船，享受英国国旗的保护”[2]。即所谓“舟人贪走私之利，甘心领票，遂以洋船自命”[3]。

在航运领域，这样的船只非常多。早在鸦片战争后不久，澳门政府为了和香港竞争，宣称澳门为通商口岸，强行撤销了澳门的中国海关分卡，许多中国船只“图挂洋船以为保护起见，故在澳门政府注册”[4]。1855 年，港英政府发布第四号法令，其中第六条称：

---

[1] 蒋孟引：《第二次鸦片战争》，生活·读书·新知三联书店，1965 年，第 33 页。

[2] 蒋孟引：《第二次鸦片战争》，生活·读书·新知三联书店，1965 年，第 33 页。

[3] 华廷杰：《触番始末》，载《近代史资料》，1956 年第 2 期，第 100 页。

[4] 聂宝璋编：《中国近代航运史资料》（第一辑下册），上海人民出版社，1983 年，第 1325 页。

"本殖民地的中国居民，申请并取得殖民地船只执照，是合法的，只要作为所有者而申请的人或人们是本殖民地王家土地的注册租户，并有两个租户作为保人，而这些所有者在本殖民地的财产各值二千元，经审核属实者。"[1] 这个引诱"如此巨大（从注册费和船舶费来看），以至其它各国的领事都行使了法律上并不属于他们的权利，他们也印发航行证给中国人所有的船只，给予他们该国国旗的保护。后来在1861年的关册上曾经指出单在上海这一个口岸，在到12月31日为止的六个月中，就有一百九十三只悬挂英国国旗的、一百二十九只悬挂美国国旗的以及五十只悬挂他国国旗的'宁波小船和汉口沙船'"[2]。汉口此类船舶的数量更大，"在1862年，悬挂英国国旗的这类船只为

[1] 蒋孟引:《第二次鸦片战争》，第33页。根据蒋孟引先生的考证，这个法令实际上是非法的。因为它完全违背了英国法律关于英国船必须完全为英国人民（英国人民指或在英国自然出生，或已取得国籍证并宣过效忠之誓的人）所有的规定。又据英国《商船运输法规》的规定，任何英国领土的法律须得到国王批准，但这个法令从未得到英王的批准。

[2] 聂宝璋编:《中国近代航运史资料》（第一辑下册），上海人民出版社，1983年，第1327页。

三百四十二艘，一万七千吨”[1]。还有的船只在英国的殖民地槟榔屿和新加坡注册[2]。

美籍学者郝延平将这类企业称作“西方名义下的中国企业”，他在所著《中国近代商业革命》一书中详细列举了种种中国商人寄居西商企业的情况，并指出甚至连官僚企业家盛宣怀也在香港外国政权下注册他的棉纺厂[3]。

综上可知，民间工商企业的设立有一个合法创办的问题。这些企业获得创办资格的途径有三条，其中两条与特许权有关，但政府的特许权是与历史的传统和行会在行业中的权威联系在一起的。第三条途径则与外国的侵略特权有关。

4. 公司注册制度中的传统因素

近代中国早期的公司或曰企业的创办路径并非完

[1] 聂宝璋编:《中国近代航运史资料》(第一辑下册)，上海人民出版社，1983 年，第 1329 页。

[2] 聂宝璋编:《中国近代航运史资料》(第一辑下册)，上海人民出版社，1983 年，第 1332 页。

[3] 〔美〕郝延平:《中国近代商业革命》，陈潮、陈任译，上海人民出版社，1991 年，第 298 页。

全是一种铺路式的过渡状态，其存在样式对后来的公司注册制度的建立产生了重要影响。

最典型的表现就是民间企业注册的中间管理机构由行会向商会的转化。1904 年 1 月，清政府商部颁布了《公司律》，规定“凡设立公司，赴商部注册”[4]。同年 6 月奏准的《奏定公司注册试办章程十八条》又规定，凡公司的设立，应当首先呈报当地商会，“凡公司设立之处业经举行商会者，须先将注册之呈，由商会总董用图记呈寄到部，以凭核办。其未经设有商会之处，可暂由附近之商会或就地著名之商会公所加盖图记，呈部核办”[5]。即商人如欲举办公司，须先将注册登记所需材料，包括公司章程、公司注册呈式、股票式样等，呈报地方商会审查，再由商会转呈商部，由商部最终决定是否准予立案注册。同年 1 月颁布的《奏定商会简明章程》又规定，商会应按照公司注册章程的规定，“令商家先办注册一项，使就地各商家会

[4] 伍廷芳:《大清新编法典》(公司律第二条)，台北文海出版社，1985 年影印版，第 2、7 页。

[5] 伍廷芳:《大清新编法典》(《奏定公司注册试办章程十八条》第七条)，台北文海出版社，1985 年影印版，第 121 页。

内可分门别类编列成册，而后总协理与各会董随时便于按籍稽考，酌施切实保护之方，力行整顿提倡之法”。这个规定不但申明了《公司注册试办章程》赋予商会的职责，还增添了商会的稽考权限，大大扩张了商会的权限，将各公司置于了商会的领导之下。由此，商会不但是工商各界的行业性团体，甚至带上了行政机构权力的色彩。一方面商会是商部派出的公司注册机构，任何公司的创办都必须首先经过商会的审核，审核合格后再转呈商部注册；另一方面商部的任何指示又须由商会负责转达，行使宣布公司注册成功的权力，并可随时稽考各公司的情况。

1908 年，上海华通水火保险公司拟在天津设立分公司。呈报上海总商会后，上海总商会《移津商会文中》称：“查该公司营业，系因华商产业，从前均就外人所设洋行购买保险，利权外溢，为杜塞漏卮起见，禀经鄙会呈请农工商部注册有案。现该公司又拟在各埠设立分公司，自是推广营业，借冀收回利权之意。……为此合移贵会请烦查照，移会府、道、县宪一体出示保护，以安商业，实纫公谊。”天津商务总会回复：“似可准如所请，以资保护。理合照录原单，禀请宪台查核，赏发示谕，并请转行府县一起出示保护，实为公便。”天津劝业道批复：“据禀已悉。查前准上海商务总会移会，业经转行天津府县出示保护在案。仰即知照。”[1]经过这样一番手续后，上海华通水火保险公司分公司的注册终于完成。在这一过程中，上海总商会、天津总商会同天津劝业道一道履行了审核批准的职责。在这个层层传达、环环相扣的过程中，处处都离不开商会的参与和权力的行使。由此，我们仿佛看到了行会的影子，工商企业的开设是否合法，其权力来自政府，但政府将权力授予了行会，由行会行使审核权乃至收取开办费。商会建立后，清政府依然沿着惯行的路径，依赖在行会基础上建立起来的商会管理企业，商会依然是横亘于企业与政府之间的权力中介。制度的变革表现了鲜明的延续性，新制度中总是闪现着传统的影子。

至于企业设立过程中的特许权，《奏定公司注册试办章程十八条》出台后并未立即消失，政府越过有

[1] 《上海商会为上海华通水火保险公司拟在津设立分公司请地方官予以保护事移津商会文及批文》，津商会二类 2033 号卷。引自天津档案馆等编《天津商会档案汇编（1903—1911）》（上），天津人民出版社，1989 年，第 727—729 页。

关部门直接授予企业设立权的事例并不罕见，甚至延续至民国政府建立后。1914 年，范旭东创办久大精盐公司，在社会各界名流的扶助下，直接呈请北洋政府财政部盐务署批准立案。此时，政府已经改换门庭，时代背景已经发生变化，企业设立的目的也是在爱国的旗帜下生产国货，但政府特许权依然存在，旧有的制度依然表现了顽强的生命力。新的时代条件下的制度几乎就是旧有制度的再现。

结 语

综上所述可以看出，经济活动中的联合经营早在中国古代就出现了。汉以后出现了资本和经营者的联合。到宋以后，出现了多种形式的联合经营模式。至明代，正式出现了合伙的说法。到清代前期，传统意义上的股份制就发展得比较完善了，并且形成了官利等具有中国特色的股份制企业特有的制度。虽然现代意义上的股份公司制度最早起源于西方，但是，随着西方侵略势力东进侵入中国的外国公司和股份公司显然不能在中国的土地上完全重新架构一套制度，他们必须考虑在中国土地上延续了千年以上的商事习惯的影响。外国资本进入中国显然是挟其暴力而为的，股份公司制度的进入也不例外，但进入中国后如何架构则并非外商可以恣意而为。其过程经历了代理行审视形势的变化而更新经营的决策过程。其后，在实施新的经营方案的过程中又遭遇了中国经济发展水平制约和中国传统经营习惯的影响等因素的挑战。所以，股份公司在中国的最终设立，是西商和中国商人共同应对挑战而实现制度更新的过程。这个过程告诉我们，股份公司这种似乎是完全舶来品的经济制度，表面观之是来自外来经济组织模式的影响，但实际上，其根系深深植入了中国经济的土壤之中。

制度的更迭并非一刀切似的斩断，总是新中有旧，旧中蕴含了新。新的需要成长完善的过程，旧的也并非一无是处。在有的条件下，旧是厚重和底蕴的代名词。

参考资料

史料：

［1］ 刘秋根编：《中国典当史资料集》，河北大学出版社，2016年。
［2］ 王裕明：《明清徽州典商研究》，人民出版社，2012年。
［3］ 山西省文史资料委员会田际春、刘存善编：《山西商人的生财之道》，中国文史出版社，1986年。
［4］ 中国人民银行山西省分行、山西财经学院《山西票号史料》编写组、黄鉴晖编：《山西票号史料》（增订本），山西财经出版社，2002年。
［5］ 陈宁生、张学仁：《香港与怡和洋行——历史的

回顾及有关怡和洋行译文两种》，武汉大学出版社，1986 年。

[6] 聂宝璋编:《中国近代航运史资料》(第一辑)，上海人民出版社，1983 年。

[7] 中国史学会主编:《中国近代史资料丛刊 · 洋务运动》，上海人民出版社，2000 年。

[8] 孙毓棠编:《中国近代工业史资料》(第一辑)，科学出版社，1957 年。

[9] 中国人民政治协商会议上海市委员会文史资料工作委员会：上海文史资料选辑第 16 辑《旧上海的金融界》，上海人民出版社，1988 年。

[10] 中国人民银行上海市分行:《上海钱庄史料》，上海人民出版社，1960 年。

[11] 彭泽益主编:《中国近代工商行会史料集》，中华书局，1995 年。

[12] 伍廷芳:《大清新编法典》，台北文海出版社，1985 年。

[13] 天津档案馆等编:《天津商会档案汇编（1903—1911)》，天津人民出版社，1989 年。

[14] 曾繁正、赵向标等编译:《西方国家法律制度、

社会政策及立法》，红旗出版社，1998 年。

论著：

[1] 马克思：《资本论》(第三卷)，人民出版社，1975 年。
[2] 马克思、恩格斯：《马克思恩格斯选集》(第二卷)，人民出版社，1972 年。
[3] 〔法〕P. 布瓦松纳：《中世纪欧洲生活和劳动》，潘源来译，商务印书馆，1985 年。
[4] 吴承明：《中国资本主义与国内市场》，中国社会科学出版社，1985 年。
[5] 汪敬虞：《十九世纪西方资本主义对中国的经济侵略》，人民出版社，1983 年。
[6] 汪敬虞主编：《中国近代经济史 1895—1927》，人民出版社，2000 年。
[7] 张忠民：《艰难的变迁——近代中国公司制度研究》，上海社会科学院出版社，2002 年。
[8] 李玉：《晚清公司制度建设研究》，人民出版社，2002 年。

[9] 杨在军:《晚清公司与公司治理》，商务印书馆，2006年。

[10] 严亚明:《晚清企业制度思想与实践的历史考察》，人民出版社，2007年。

[11] 刘秋根:《中国典当制度史》，上海古籍出版社，1995年。

[12] 刘秋根:《中国古代合伙制初探》，人民出版社，2007年。

[13] 姜锡东:《宋代商人和商业资本》，中华书局，2002年。

[14] 田培栋:《明代社会经济史研究》，北京燕山出版社，2002年。

[15] 黄速建:《公司论》，中国人民大学出版社，1989年。

[16] 杨共乐:《罗马社会经济研究》，北京师范大学出版社，1998年。

[17] 厉以宁:《资本主义的起源——比较经济史研究》，商务印书馆，2003年。

[18] 沈四宝:《西方国家公司法概论》，北京大学出版社，1986年。

［19］ 张学仁:《香港法概论》，武汉大学出版社，1992 年。
［20］ 樊百川:《中国轮船航运业的兴起》，四川人民出版社，1985 年。
［21］ 蒋孟引:《第二次鸦片战争》，生活·读书·新知三联书店，1965 年。
［22］ 李时岳、胡滨:《从闭关到开放——晚清洋务热透视》，人民出版社，1988 年。
［23］〔美〕M. 罗斯托夫采夫:《罗马帝国社会经济史》(上册)，马雍、厉以宁译，商务印书馆，1985 年。
［24］〔冰岛〕思拉恩·埃格特森:《经济行为与制度》，吴经邦、李耀、朱寒松等译，商务印书馆，2004 年。
［25］〔美〕汤普逊:《中世纪经济社会史》，耿淡如译，商务印书馆，1984 年。
［26］〔德〕汉斯·豪斯赫尔:《近代经济史》，王庆余、吴衡康、王成稼译，商务印书馆，1987 年。
［27］〔英〕亚当·斯密:《国民财富的性质和原因的研究》(下卷)，郭大力、王亚南译，商务印书馆，1974 年。

［28］〔英〕格林堡：《鸦片战争前中英通商史》，康成译，商务印书馆，1961 年。

［29］〔英〕W. H. B. 考特：《简明英国经济史》，方廷钰、吴良健译，商务印书馆，1992 年。

［30］〔美〕郝延平：《中国近代商业革命》，陈潮、陈任译，上海人民出版社，1991 年。

［31］〔美〕刘广京：《英美航运势力在华的竞争》，邱锡荣、曹铁珊译，上海社会科学院出版社，1988 年。

［32］〔英〕马士：《中华帝国对外关系史》（第一卷），张汇文译，上海书店，2000 年。

［33］〔美〕雷麦：《外人在华投资》，蒋学楷、赵康节译，商务印书馆，1959 年。

［34］ James Westfall Thompson. Economic and Social History of the Middle Ages. D.Appleton-Centory Company，1928.

论文：

［1］ 宁靖编：《鸦片战争史论文专集续编》，人民出版

社，1984 年。

[2] 杨在军、张岸元:《关于近代中国股份制起源的探讨》，载《江西社会科学》，2003 年第 1 期。

[3] 胡国成:《公司的崛起与美国经济的发展》，载《美国研究》，1993 年第 3 期。

[4] 朱荫贵:《改进与变革：近代中国企业官利制度分析》，载《近代史研究》，2001 年第 4 期。

[5] 杨华山:《中国早期现代化建设的二难困境——晚清专利与官利制度述评》，载《安徽史学》，2002 年第 2 期。

[6] 刘秋根:《论中国古代商业、高利贷资本组织方式中的“合资”与“合伙”》，载《河北学刊》，1994 年第 5 期。

[7] 刘颖:《论共和晚期骑士等级对罗马国家的影响》，硕士学位论文，北京师范大学，1999 年。